Zu diesem Buch

Welche Freude, wenn Christian seine Fingerchen entdeckt und lust-voll damit spielt. Und was für ein Juchzen, wenn Anna den hohen Turm aus Bauklötzen umstößt. Zwischen Neugier und Angst wartet Miriam, daß Papas Knie auseinandergehen und der Reiter ‹plumps› macht.

Für Babys sind alle Spiele neu. Und jedes Kind hat das Zeug zum Spielen. Deshalb braucht es auch nicht viel Spielzeug, sondern vor allem Eltern mit Sinn für Humor und Ideen.

Die Autorin hat viele Spiel-Vorschläge gesammelt für Augen, Ohren, Nase, Mund und Hände, für drinnen und draußen, allein und in der Gruppe.

Dieser Band setzt die bewährten Bücher von Raimund Pousset «Fingerspiele und andere Kinkerlitzchen» und von Anne-Bärbel Münchmeier «Spielen mit kleinen Kindern und Babys» fort. Und er ist mehr als eine Spielesammlung. Er zeigt den Eltern, wie sich ihr Kind entwickelt und wie sie diese Entwicklung unterstützen können. Dabei lernen sie ihr Kind besser verstehen. Sie begreifen, warum es gerade jetzt gerade an diesem Spiel so besonders viel Freude hat.

Ein Buch mit 198 Spielideen, vielen Tips und Informationen über erste Spiele, sinnvolles Spielzeug und wie man manches selber machen kann, damit das Baby mit allen Sinnen Vergnügen hat.

Die Autorin, Karin Mönkemeyer, Jahrgang 1938, ist Diplomvolks-wirtin und arbeitet seit 1964 journalistisch, zuletzt fast zehn Jahre als leitende Redakteurin bei der Zeitschrift «unser kind». In dieser Zeit entstand kaum ein Beitrag, der nicht im Alltag der Kindergruppen überprüft wurde. Seit 1988 ist sie freiberuflich in Hamburg tätig. Im Mai 1988 erschien in der Reihe «Mit Kindern leben» der Titel «Schon Babys schwimmen mit Vergnügen. Wasserspaß mit Kindern bis sechs».

Anregungen und Kritik bitte an folgende Adresse:
Büro für wissenschaftliche Publizistik Dr. Horst Speichert,
Teutonenstr. 32b, 6200 Wiesbaden

Karin Mönkemeyer

Spiele für alle fünf Sinne

Hören, riechen, schmecken,
sehen, greifen:
wie Babys und kleine Kinder
spielend lernen

Fotos: Wolfgang Schult

Rowohlt

Dies ist ein Buch aus dem
Büro für wissenschaftliche Publizistik
Dr. Horst Speichert
Emanuel-Geibel-Str. 18, 6200 Wiesbaden
Redaktion: Bernhard Schön
Umschlaggestaltung: Jürgen Kaffer/Peter Wippermann
Umschlagfoto: Paul Schirnhofer/Spielzeug: Colorollo,
Schaaf Spielzeug
Fotonachweis: Produktfotos auf den Seiten 17, 28, 64, 68, 90, 94, 129,
137, 150, 154, 155, 156, 185. Fotodienst Verlag Vier Jahreszeiten auf
S. 92. Alle anderen Fotos: Wolfgang Schult
Zeichnungen: Hella Langosch

16.–20. Tausend Juli 1990

Originalausgabe
Veröffentlicht im Rowohlt Taschenbuch Verlag GmbH,
Reinbek bei Hamburg, September 1988
Copyright © 1988 by Rowohlt Taschenbuch Verlag GmbH,
Reinbek bei Hamburg
Alle Rechte vorbehalten
Satz Times (Linotron 202)
Gesamtherstellung Clausen & Bosse, Leck
Printed in Germany
1480-ISBN 3 499 18462 1

Inhalt

Genießen Sie das Glück Ihres Kindes!

Ein Baby spielt mit seinen Händen. Staunend betrachtet es Finger für Finger. Seine ganze Aufmerksamkeit ist auf sie gerichtet. Es strampelt begeistert. Da berührt seine Hand ein Bein, ganz zufällig. Welche Entdeckung! Die Hand greift nach den Zehen.

Gibt es etwas Schöneres, als da ganz still zuzuschauen? Jedes Baby hat das Zeug zum Spielen. Darum braucht es auch gar nicht viel Spielzeug.

Einige wenige Spielsachen sollten allerdings sein. Sie fordern das Kleine heraus, sie zu betrachten, zu lauschen, sie zu berühren und zu betasten.

Wer sich jedoch im Spielzeugladen umschaut, sieht, wie riesig das Angebot selbst für die Jüngsten ist. Viele Eltern sind da verwirrt. Was muß denn nun wirklich sein? Was könnte man selbst herstellen? Darüber gibt dieses Buch auch Auskunft. Aber Sie werden schnell bemerken: Das Baby schaut mit Vergnügen zum Mobile, lauscht entzückt der Melodie seiner Spieluhr, gerät mit seiner Rassel vor Freude außer Rand und Band. Doch all das Wunderbare verliert sofort seinen Reiz, sobald Sie ihm Ihr Gesicht zuwenden, wenn Sie es wiegen, hochnehmen, es anlächeln, mit ihm schmusen, sich mit ihm zur Musik im Tanz drehen...

Denn zärtliche Zuwendung im gemeinsamen Spiel ist dem Kind ein untrügliches Zeichen elterlicher Liebe.

Spielzeug also ist wichtig. Mit ihm bekommt das

Kleine seinen ersten Kontakt zu seiner sachlichen Umwelt. Wir stellen Ihnen darum auch einiges vom Schönsten vor.

Noch wichtiger beim Spielen aber sind Sie, als Impulsgeber, als Spielpartner und als Sicherheit.

Mit dem Baby spielen ist alles andere als eine lästige Aufgabe, die es neben Pflege, Kleidung und Ernährung zusätzlich zu erfüllen gilt. Spielen ist auch für Sie Freude, Erholung, Erlebnis.

Wenn Sie sich Ihrem Kind zuwenden, ohne es stillen, füttern, windeln, baden, anziehen zu wollen – nur dann können Sie sich ja voll aufs Kind konzentrieren, nur dann erleben Sie ganz, wie es von Tag zu Tag sich entfaltet, wie es geschickter wird, genauer wahrnimmt. Es wird Sie verzaubern!

Sie werden erleben, wie Ihnen das Kleine auch mehr und mehr vertraut, sich bei Ihnen geborgen fühlt. Wem da nicht warm ums Herz würde!

Und ob Sie es glauben oder nicht: Sie selbst werden vieles mit Ihrem Kind noch einmal ganz neu und ganz anders erleben. Als Sie selbst so klein waren, konnten Sie auch schon wahrnehmen, was mit Ihnen und um Sie herum geschah. Aber kaum etwas blieb davon in Ihrer Erinnerung. Jetzt können Sie auch erleben, wie Sie selbst sich entwickelt haben. Das Spielen mit Ihrem Kind ist darum immer auch ein Stückchen Weg, das Sie zu sich selbst zurückgehen! Darin liegt eine Ursache dafür, daß sich viele Menschen verändern, wenn sie Eltern werden. Sie verstehen auch sich selbst neu.

Und es wird Ihnen auch ganz einfach Spaß machen, mit Ihrem Kind zu spielen.

Sicher: In diesem Buch geht es nur um die sonnige Seite im jungen Familienleben. Wenn von der schattigen hier nicht die Rede ist, so weil wir ja alle wissen, daß den Tag nur genießen kann, wer die Nacht zwar kennt, sein Bewußtsein aber nicht von ihr beherrschen läßt, wer also die schönen Augenblicke erlebt, ohne ständig daran zu denken, daß sie vorübergehen.

Und es gibt einen zweiten Grund dafür, daß es

Spielzeug ist wichtig, noch wichtiger aber ist Ihre zärtliche Zuwendung

nur um die Freude mit dem Kind geht. Es wurde schon so oft über die Probleme berichtet, die ein Kind machen kann – es kann krank werden, Schwierigkeiten mit sich selbst und anderen haben . . . –, daß einem manchmal schon die Lust vergeht, ein Kind zu zeugen, zu bekommen und ihm beim Reifen zu helfen. Und darum soll es hier nun einmal fast ausschließlich um die schönen Stunden im Leben mit dem Kind gehen.

In diesem Buch soll es vor allem um die schönen Stunden im Leben mit dem Kind gehen.
Spielen soll nicht verstecktes Lernen sein, sondern lustvolles Spielen miteinander!

Es hat schon mehr Bücher gegeben, die sich mit dem Spielen der Kleinsten beschäftigen. Einige davon gaben Programme vor, die wie Spiele aussahen; aber sie sollten eigentlich Methoden zum Lernen sein, damit die Kinder so gefördert würden, daß sie möglichst intelligent, geschickt, anpassungsfähig oder sonstwie werden könnten. Daß Kinder beim Spielen lernen, ist nahezu unvermeidlich, und dagegen will dieses Buch auch beileibe nicht argumentieren. Aber das Lernen soll nicht das Ziel sein, sondern das lustvolle Spiel miteinander. Die Gegenwart ist hier wichtig, nicht die Zukunft. Kinder verdienen als Kinder unsere Zuwendung, nicht als künftige Erwachsene.

Darum allerdings ging es auch den Autoren, die für antiautoritäre Erziehung von klein auf eintraten. Auch aus dieser Zeit gibt es Bücher, denen der spielerische Umgang mit den Kleinen wichtig war. Aber hier sollte das Kind allein entscheiden, was und wie gespielt wird. Mittlerweile aber haben auch die leidenschaftlichsten Verfechter dieser gutgemeinten Erziehungsform erkannt: Die Kleinen können nicht von sich aus empfinden, was für sie gut ist.

Die pädagogische Grundlage aller in diesem Buch vorgeschlagenen Aktivitäten ist die partnerschaftliche Erziehung. Beim Baby, das noch nicht sagen kann, was es möchte, ersetzt elterliche Beobachtung seiner Vorlieben, seiner Fähigkeiten in den verschiedenen Entwicklungsphasen die mit Worten formulierten Wünsche bei den größeren Kindern.

Partnerschaft beim Spielen heißt, daß die Fähigkeiten und Wünsche der Kinder genauso wichtig sind wie Spaß und Freude der Eltern

Darum ist hier auch immer von der Entwicklung

11

des Kindes – vom Mutterleib an – die Rede und von den Zeichen, an denen Eltern die bewundernswerten Fortschritte im Wahrnehmen und Denken ablesen können.

Aber die kindliche ist ja nur die eine Seite im Spiel. Ebenso wichtig ist uns hier, daß auch die Eltern Spaß haben sollten, daß sie wirklich nur das mit dem Kind spielen, was auch ihnen Freude macht. Denn nur wenn Eltern und Kinder Freude haben, kann ein lustbetontes Spiel daraus werden, das alle wirklich genießen können.

Das Kleinkind zwischen Neugier und Angst

Das ist das Zauberhafte an den Kleinsten: Für sie ist alles neu. Und wenn ein Spielzeug – wie die Rassel – schon uralt ist, für sie ist sie eine Sensation.

Seit Generationen spielen Eltern mit ihren Kindern das beliebte «Kuckuck»-Spiel. Und doch wird auch Ihr Kind zunächst fürchten, daß Sie wirklich verschwunden sind, wird dann ebenso erleichtert sein wie seine Urgroßeltern als Wickelkinder, wenn es feststellt: Die Mutter ist doch da. Das Verschwinden war nicht Ernst, es war Spaß!

So ist manches ein «alter Hut». Für Sie. Nicht so für Ihr Kind; das wird es als etwas noch nie Dagewesenes bestaunen. Nach und nach kommt es dahinter: Neues hat seinen Reiz! Die Neugier ist erwacht.

Aber da ist dann auch immer die Angst, die Unbekanntes einflößt, weil das Kleine ja nicht wissen kann, ob das Neue ihm nun gute oder ungute Erfahrungen bescheren wird.

Auch darum sind Sie so wichtig bei allen seinen Entdeckungsreisen mit Augen, Nase, Mund, Ohren und Händen. Auf Ihrem Arm traut es sich weiter vor – ins Wasser, ins Dunkle... – als ob es das allein könnte. Denn von Ihnen weiß es ja: Sie beschützen es. Wäre es gefährlich, würden Sie es von ihm fernhalten. Darum weiß es instinktiv: Es darf seiner Neugier folgen.

Angst ist nicht etwas, was man immer nur abbauen muß. Angst hat ihren guten Sinn. Wenn ein Mensch allein auf sich gestellt ist, hält sie ihn als «innere Stimme» von Gefährlichem ab, wenn er auf sie zu hören gelernt hat. Aber solange das Kind Gefahren noch nicht realistisch einschätzen kann, braucht es Sie, damit es nicht durch seine Angst von allen neuen Erfahrungen ferngehalten und so in seiner Entwicklung gehemmt wird.

Darum: Reden Sie dem Kind nicht alle Angst an sich aus. Zeigen Sie ihm nur, daß sie in diesem Falle unbegründet ist. Drücken Sie das Baby also fest an sich, damit es spürt: Sie sind bei ihm, Sie werden es beschützen. Und darum kann es diesmal seiner Neugier folgen.

Reden Sie einem Kind die Angst grundsätzlich aus, kann es nicht lernen, auf die «innere» warnende Stimme zu hören. Es darf also immer nur darum gehen, zu zeigen, daß sie diesmal unbegründet ist, zum Beispiel auch, weil das reifer gewordene Kind mit der Situation schon fertig werden kann.

Auch Angst ist notwendig: als Schutz vor Gefahren, als Maßstab für die eigenen Fähigkeiten

Wer ganz ohne Angst lebt, lebt auch ohne Maßstab. Er wird leichtsinnig werden, seine Fähigkeiten falsch einschätzen. Alle Eigenschaften reifen im Menschen sehr allmählich. Und für die allermeisten sind die frühen Jahre entscheidend.

Viele mögen sich das nicht bewußt machen, weil sie Angst bekommen vor der großen Verantwortung. Aber wenn Sie diese Spiele einmal gelesen und das eine oder andere gemacht haben, werden Sie deutlich spüren, daß diese Verantwortung weniger eine Last für Sie ist als eine Lust. Und Sie werden eine Gewißheit empfinden, daß Sie dieser Verantwortung gewachsen sind.

Kapitel 1

Babys erster Ohrenschmaus

Der erste Sinn, der erwacht, ist das Gehör.

Es zählt zu den faszinierendsten Entdeckungen: Der Mensch kann schon gut hören, ehe er noch geboren ist.

Viele Versuche haben sogar gezeigt: Verschiedenartige Musik macht ganz unterschiedliche Eindrücke auf das Kind. Das Ungeborene beruhigt sich, wenn es Musik von Mozart und Vivaldi hört, es beginnt, sich heftig zu bewegen, etwa zu treten, wenn Brahms, Beethoven oder Popmusik erklingt.

In den vergangenen Jahrzehnten haben die Wissenschaftler vieles vom «Leben vor dem Leben» erforscht. Darum wissen wir heute:

Die äußeren Teile der Ohren beginnen bereits in der zehnten Schwangerschaftswoche zu wachsen. Am Ende des dritten Monats ist das Labyrinth angelegt. Schon jetzt kann das Ungeborene Geräusche wahrnehmen, allerdings nicht sehr differenziert, eher grob «laut» und «leise». Ende des sechsten Schwangerschaftsmonats aber sind alle Strukturen reif. Und das Kind reagiert unterschiedlich auf unterschiedliche akustische Reize.

Kaum zu glauben, aber wahr: Das Ungeborene kann Geräusche sogar bereits bewerten. Es weiß, welche es in Sicherheit wiegen und welche Gefahr signalisieren: Ist die Mutter entspannt, schlägt ihr Herz ruhig und gleichmäßig, klingt ihre Stimme wie gewohnt – das Kleine fühlt sich geborgen. Rast das Herz der Mutter und spricht sie mit aufgeregter Stimme – das Ungeborene wird unruhig.

Schon das Ungeborene hört und hat dabei ganz unterschiedliche Empfindungen: Bei Mozart etwa beruhigt es sich, bei Brahms oder Popmusik fängt es an zu treten

15

Der ruhige Rhythmus des Herzens geht dem Kleinen als beruhigend sozusagen ins Blut. In Amerika wurde ein Teddy entwickelt, dessen Innenleben vor allem aus einem Tonband mit ruhigen Herzschlägen besteht. Auch in bundesdeutschen Kinderkliniken hat sich gezeigt: Selbst schwerkranke Kinder beruhigen sich, wenn man ihnen diesen Teddy ans Herz legt. Meist schlafen sie sogar gleich ein. Wer das für eine erste Lebenslüge hält, weil man dem Kleinen eine Geborgenheit im Mutterleib vorgaukelt, sollte bedenken, daß sonst Medikamente nötig wären, um dem Kind seinen Zustand erträglich zu machen. Inzwischen gibt es hierzulande nun eine Puppe, deren Herzklopfen ein Kind lauschen kann.

«Wenn werdende Mütter in der Schwangerschaft singen, werden ihre Kinder später ausgeglichen sein», meinte der Geiger Yehudi Menuhin beim Gründungskongreß der Britischen Gesellschaft für vorgeburtliche Psychologie und schloß sich damit den führenden Psychologen an. Das Singen vermittelt dem Ungeborenen eine fröhliche Grundstimmung und Geborgenheit. Das schaffen Bänder und Kassetten nicht in gleicher Weise, weil da die dem Kind nahe Vibration der Stimmbänder fehlt. Trotzdem: Musik vom Band ist auch positiv in der Schwangerschaft. Kinder erkennen später Melodien, die sie bereits im Mutterleib gehört haben. Schon bei den ersten Tonfolgen begrüßen sie die vertraute Weise deutlich erfreut.

Was Sie während der letzten Schwangerschaftswochen gesungen oder laut erzählt haben, scheint das Baby wiederzuerkennen!

Das gilt sogar für Geschichten. Kleinste Kinder reagieren positiver auf solche, die ihre Mütter ihnen bereits vor ihrer Geburt vorgelesen haben!

Und die «Moral» von der Geschichte: Schon in der Schwangerschaft machen Sie Ihrem Kind Freude, wenn Sie ihm etwas vorsingen, wenn Sie ihm Musik vom Band vorspielen, wenn Sie ihm Geschichten vorlesen oder erzählen!

Das Neugeborene erfährt seine Welt vor allem mit seinen Ohren. Die Gehörgänge des Neugeborenen sind zwar zunächst noch mit Fruchtwasser verklebt. Trotzdem nimmt es schon vieles wahr.

Mit dieser Puppe im Arm läßt es sich leicht einschlafen, selbst wenn das Baby einmal krank ist: Ihr Herz klopft, wenn sie das Kind an sich drückt. Das beruhigt

Schon bald kann es die mütterliche Stimme von anderen Stimmen, den väterlichen Schritt von anderen Schritten, den speziellen Krach seiner Geschwister von anderem Krach unterscheiden...

Wenn das Kind von Anfang an beim Namen genannt wird, wird es sich schon nach wenigen Tagen auf Namensnennung umsehen! Übrigens: Anfangs hört der Mensch hohe Töne besser als tiefe. Die Mutter, von Natur aus die erste Bezugsperson, hat darum «natürlich» eine höhere Stimme als der Vater. Und Mütter wie Väter erleichtern dem Kleinen die Wahrnehmung, indem sie fast instinktiv zu ihm in höherer Stimmlage sprechen als zu anderen.

Daß Mütter und Väter fast instinktiv in höheren Stimmlagen zu dem Kleinen sprechen, hat einen guten Grund

Hörspiele für das erste Vierteljahr

1 Singen. Singen Sie dem Kleinen von Anfang an Kinderlieder vor, Wiegenlieder vor dem Einschlafen, Tanzlieder, wenn Sie es auf dem Arm

17

tragen und Sie sich im Rhythmus von Musik bewegen. Das Vorsingen ist sicher das wichtigste Hörspiel für die Jüngsten.

2 Musik. Spielen Sie dem Kind, so Sie es können, immer einmal wieder kleine Musikstücke vor, auf der Blockflöte, der Geige, der Gitarre, dem Klavier... Keine Stücke, die laut und schnell sind. Pauken und Trompeten sind tabu.

3 Klangstäbe. Hängen Sie Klangstäbe über dem Bett auf. Kommt jemand ins Zimmer, schlagen sie leicht aneinander und leise Klänge entstehen.

4 Spieluhr. Schenken Sie dem Säugling eine Spieluhr. Lassen Sie die ihm bald vertraute Melodie immer nach dem Aufwachen oder vor dem Einschlafen erklingen. So wird es schnell zu einer Art Zeremonie, bei der das Kleine vergnügt strampelt.

5 Glöckchen. Läuten Sie ab und zu in die Stille hinein ein Glöckchen. Zuerst wird sich das Kleine vielleicht ein wenig erschrecken, mit den Augen blinzeln und den Mund verziehen. Aber schon nach wenigen Lebenswochen können Sie ein konzentriertes Lauschen in seinem Gesicht lesen.

6 Rasselbande. Auch Rasseln und Klappern sind schon reizvoll. Halten Sie eine – möglichst rot-weiße oder rote – etwa 20 cm vor das Babygesicht, so kann das Kleine sie bereits gut erkennen und sie als Quelle des Rasselns oder Klapperns entdecken.

Das Hören und die Lautbildung entwickeln sich parallel. Das Kind schreit von der ersten Minute seines Lebens an. Und es hört sich schreien. Es korrigiert sein Geschrei offenbar sogar. Das weiß man heute vom Umgang mit tauben Babys. Ihr Schreien wird nie auf einem Ton gehalten. Und weil bei tauben Menschen der Reiz von Wiederholung fehlt, schreien sie seltener und oft bald gar nicht mehr.

Wie Sie einem tauben Kind helfen können oder

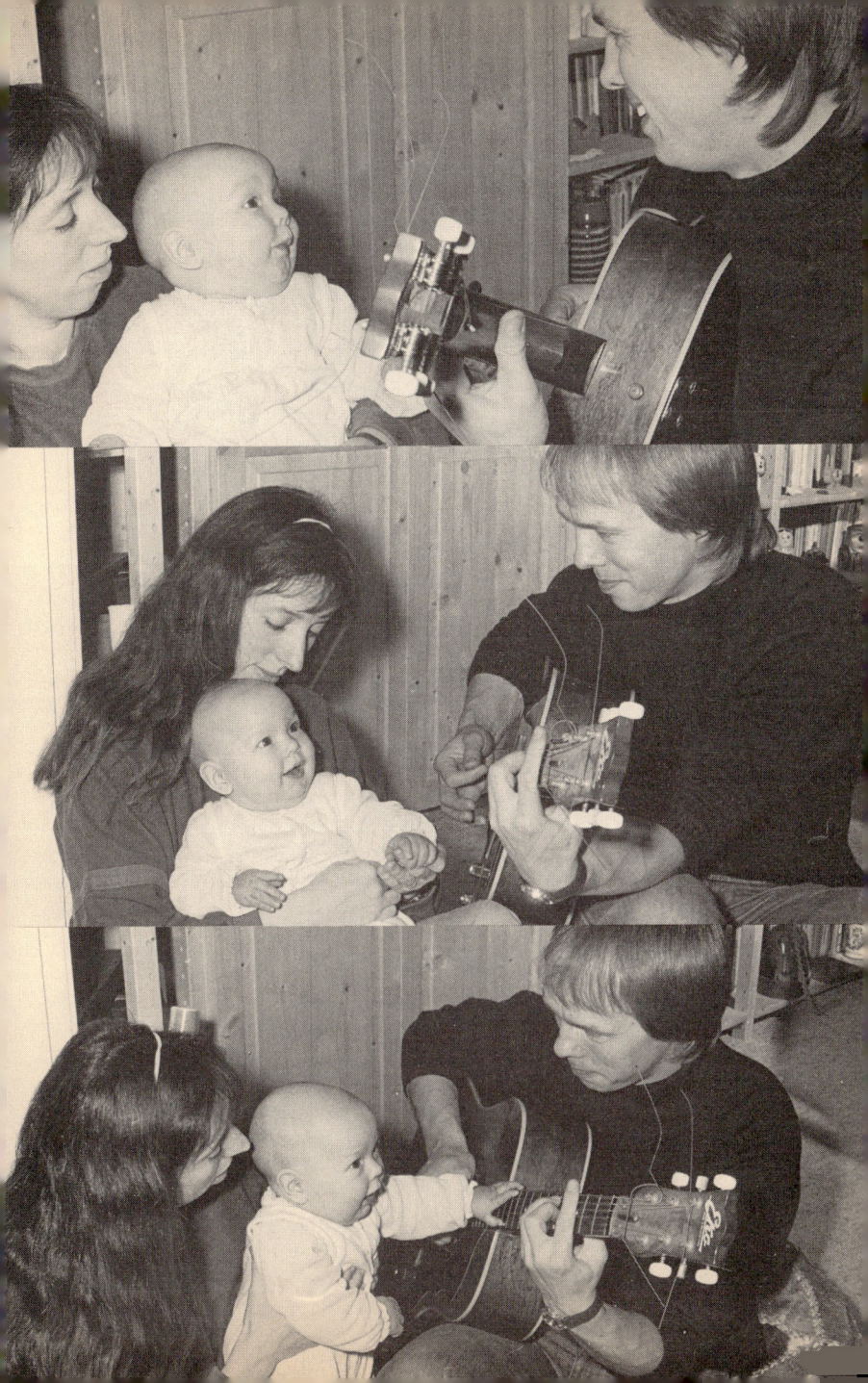

einem schwerhörigen, erfahren Sie im letzten Kapitel dieses Buches.

Bei den hörenden Kindern differenziert sich das Schreien schon bald, und erfahrene Mütter und Väter wissen dann genau, ob das Kleine Hunger hat oder Schmerzen, ob es trockengelegt oder nur unterhalten werden will.

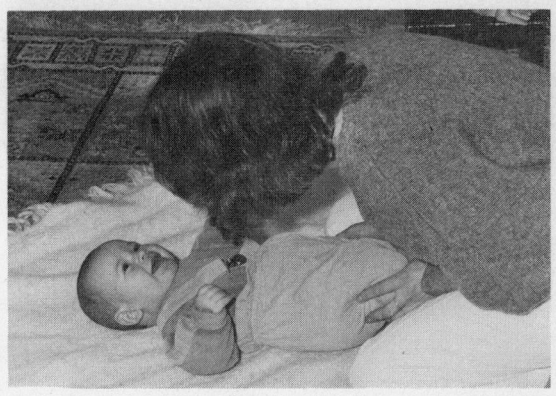

Kniet sich ein Erwachsener, kann er sein Gesicht in Babys Augenhöhe halten. So ist das gesprochene Wort besonders wirkungsvoll

Nach den ersten Lebenswochen beginnen Babys, ihre Kommunikationsmöglichkeiten durch eine Art Grunzen, durch Schnalzen und Lallen zu erweitern. So können sie neben Mißbehagen auch Behagen äußern.

Sprechen Sie von Anfang an ganz normal mit dem Kind!

Sprechen Sie auch jetzt schon mit Ihrem Kind! Reden Sie in ganz normalen Sätzen. Das Kleine versteht Sie zwar noch nicht, es spürt nur, ob sie fröhlich oder traurig, freundlich oder ärgerlich sind. Es registriert aber so von Anfang an vor allem die Melodie seiner Muttersprache.

Wörter und Klänge der Musik und der Lieder sind im ersten Vierteljahr des Lebens die wichtigsten akustischen Reize für den Menschen. Sie sind zugleich notwendige Reize für die Entwicklung des Gehirns. Außerdem bereiten sie dem Kleinen schon großen Spaß.

Sechs der schönsten Schlaf- und Wiegenlieder

Wahrscheinlich haben Sie den Text, vielleicht auch die Melodie der meisten Schlaf- und Wiegenlieder vergessen. Nicht schlimm: Hier sind sechs der schönsten:

7 Kindlein mein

1. Kind - lein mein, schlaf doch ein, weil die
Stern - lein kom - men, und der Mond kommt auch
schon wie - der an - ge - schwom - men. Ei - a
Wieg - lein, Wieg - lein mein, schlaf mein Kind - lein, schlaf doch ein!

2. Kindlein mein, schlaf doch ein, denn die Nacht kommt nieder, und der Wind summt dem Kind seine Wiegenlieder. Ei-a Wieglein, usw.

Worte und Weise. Volkslied aus Mähren

8 Leise, Peterle, leise

1. Lei - se, Pe-ter- le, lei - se! Der Mond geht auf die Rei - se.

21

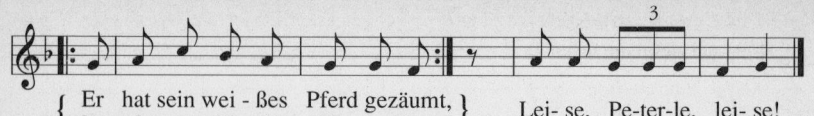

{ Er hat sein wei - ßes Pferd gezäumt,
das geht so still, als ob es träumt. } Lei- se, Pe-ter-le, lei- se!

2. Stille, Peterle, stille!
Der Mond hat eine Brille.
Ein graues Wölkchen schob sich vor,
das sitzt ihm grad auf Nas und Ohr.
Stille, Peterle, stille!

3. Träume, Peterle, träume!
Der Mond guckt durch die Bäume.
Ich glaube gar, nun bleibt er stehn,
um Peterle im Schlaf zu sehn.
Träume, Peterle, träume!

Worte: Paula Dehmer
Weise: Richard Rudolf Klein

9 Schlaf, Kindlein, schlaf

1. Schlaf, Kind-lein, schlaf! Der Va - ter hüt´ die

Schaf. Die Mut - ter schüt - telt ´s Bäu - me - lein. Da

fällt her - ab ein Träu - me - lein. Schlaf, Kind - lein, schlaf!

2. Schlaf, Kindlein, schlaf!
Am Himmel ziehn die Schaf.
Die Sternlein sind die Lämmerlein,
der Mond, der ist das Schäferlein.
Schlaf, Kindlein, schlaf!

3. Schlaf, Kindlein, schlaf!
So schenk ich dir ein Schaf
mit einer goldnen Schelle fein.
Das soll dein Spielgeselle sein
Schlaf, Kindlein, schlaf!

Text und Melodie: Volksgut

10 Die Blümelein, sie schlafen

1. Die Blü - me - lein, sie schla - fen schon

längst im Mon - den - schein, sie nik - ken mit den

Köpf - chen auf ih - ren Sten - ge - lein.

Es ___ rüt - telt sich der Blü - ten-baum, er ___ säu- selt wie im

Traum: 1. - 3. Schla - fe, schla - fe, ___ schlaf

23

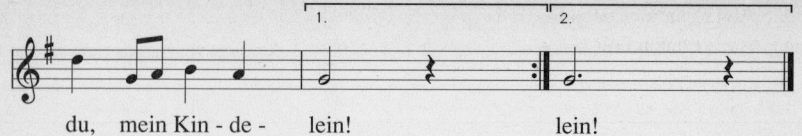

du, mein Kin - de - lein! lein!

2. Die Vögelein, sie sangen so süß im Sonnenschein; sie sind zur Ruh gegangen in ihre Nestchen klein; das Heimchen in dem Ährengrund, es tut allein sich kund: Schlafe, schlafe, usw.

3. Sandmännchen kommt geschlichen und guckt durchs Fensterlein, ob irgend noch ein Liebchen nicht mag zu Bette sein; und wo er noch ein Kindchen fand, streut er ins Aug ihm Sand: Schlafe, schlafe, usw.

Worte und Weise: Anton Wilhelm Florentin von Zuccalmaglio (1840), frei nach dem geistlichen Lied Zu Bethlehem geboren *(1697). Satz: Johannes Brahms, Volksliederbuch, Nr. 4 (vor 1856)*

11 Die schönsten Schäfchen

1. Wer hat die schön - sten Schäf - chen? Die
hat der gold - ne Mond, der hin - ter un - sern
Bäu - men am Him - mel dro - ben wohnt.

2. Er kommt am späten Abend,
wenn alles schlafen will,
hervor aus seinem Hause
zum Himmel leis und still.

24

3. Dann weidet er die Schäfchen
auf seiner blauen Flur;
denn all die weißen Sterne
sind seine Schäfchen nur.

4. Sie tun sich nichts zuleide,
hat eins das andre gern,
und Schwestern sind und Brüder,
da oben Stern an Stern.

5. Und soll ich dir eins bringen,
so darfst du niemals schrein,
mußt freundlich wie die Schäfchen
und wie der Schäfer sein.

Worte: Heinrich Hoffmann von Fallersleben
Weise: Friedrich Reichart

12 Weißt du, wieviel Sternlein stehen

1. Weißt du wie-viel Stern-lein ste-hen an dem blau-en Him-mels-

zelt? Weißt du wie-viel Wol-ken ge-hen weit-hin ü- ber al- le

Welt? Gott, der Herr, hat sie ge- zäh- let, daß ihm auch nicht ei-nes

feh- let an der gan-zen, gro-ßen Zahl, __ an der gan-zen, gro-ßen Zahl.

2. Weißt du, wieviel Mücklein spielen in der heißen Sonnenglut, wieviel Fischlein auch sich kühlen in der hellen Wasserflut? Gott, der Herr, rief sie mit Namen, daß sie all ins Leben kamen. |: daß sie nun so fröhlich sind :|

Worte und Weise: Volkslied, es geht auf das Liebeslied Soviel Stern, als da stehen *(1823) zurück. Die Melodie des Liebesliedes wiederum fußt auf dem Soldatenabschiedslied* O Deutschland, ich muß marschieren *(1809). Satz: Joachim Thurm (1974)*

Tonkunst für das zweite Vierteljahr

Die große Entdeckung im zweiten Vierteljahr: Ich kann nicht nur hören, ich kann auch bewußt Klänge erzeugen, nicht nur mit meiner Stimme, sondern auch mit Instrumenten. Denn nun beginnt der kleine Mensch ja, die Dinge selbst in die Hand zu nehmen. Dabei schüttelt und rüttelt er sie, sobald er sich mit ihnen bewegt. Er klappert und rasselt, ratscht und quietscht!

Da erst gewinnen Rasseln und Klappern ihren vollen Wert. Vorher schon hat er sie als Klangquelle erlebt, wenn Sie mit ihnen Laute erzeugten. Nun aber kann er sie selbst zum Klingen bringen.

Der Markt bietet eine große Rassel-Bande (siehe Farbteil). Wenn Sie aber Lust haben, selbst eine Klapper herzustellen, genießen Sie schon Vorfreude auf den Spaß Ihres Kindes! Für eine einfache, aber dennoch sehr reizvolle Perlenklapper brauchen Sie: einen größeren hölzernen Gardinenring, ein paar große Holzperlen, einen kurzen Nylonfaden, Farbe/Lack (siehe im Anhang Farben- und Lacke-Empfehlungen). Dazu für den Weg zur Perlenklapper ein paar Schaschlikstäbe.

So gehen Sie vor: Sie malen den Gardinenring rot. Die Perlen streichen Sie in Weiß, Blau und Gelb an. Um Perlen mühelos rundherum in einem Arbeitsgang anmalen oder auch lackieren zu können, spießen Sie diese auf Schaschlikstäbchen und stellen sie danach zum Trocknen in eine Büchse.

Wie das ausschaut, sehen Sie links.

Ist der erste Farbanstrich trocken, entscheiden Sie, ob die Farben stärker leuchten sollen. Dann

So entsteht eine Perlenklapper: Steckt man die Kugeln auf Schaschlikstäbe, kann man sie in einem Zug anmalen. In einer Büchse stehen sie im «Strauß» zum Trocknen

26

müßten Sie sich die Zeit für einen zweiten Anstrich nehmen. Ist er trocken, wird farblos lackiert. Durch Lack wird die Oberfläche glatt und läßt sich vor allem auch besser säubern. Oder Sie verwenden gleich einen Farblack (s. Seite 189).

Fädeln Sie die Holzperlen auf die Nylonschnur. Ehe Sie die Kette schließen, umringen Sie mit ihr den angestrichenen und lackierten Gardinenring.

Wie begeistert Lennard diese Klapper benutzte, können Sie auf der nächsten Seite sehen.

Wer nicht soviel Zeit aufwenden kann, stellt im Handumdrehen eine Dosen-Rassel her: In leere Filmrollendosen der durchsichtigen Art füllen Sie bunte Knöpfe oder Perlen, winzige Kiesel oder was Ihnen sonst gefällt. Die Dose muß ganz fest verschlossen werden, damit das Kleine sie nicht öffnen und den Inhalt herausnehmen kann! Notfalls kleben Sie den Deckel mit Leukoplast an der Dose fest. Fertig!

Statt der Filmrollendosen können Sie auch eine durchsichtige Kugel wählen, die sich in zwei Hälften zerlegen läßt (im Bastelgeschäft). Der fünf Monate alte Lennard konnte sich von solcher Kugel-Rassel gar nicht wieder trennen. Fast hätte er ihretwegen mit dem Krabbeln begonnen!

Es gibt natürlich noch viele Horch-Spiele mehr für das zweite Vierteljahr:

13 Quietschtiere. Erwachsenen-Ohren tun Quietschtiere oft tierisch weh. Gönnen Sie dem Baby trotzdem mal das eine oder andere. Es liebt eben diese hohen, schrillen Töne! Es ist dann im wahrsten Sinne des Wortes quietschvergnügt.

Übrigens gibt es auch ansehnliche Plüschtiere mit Quietschstimme. Es müssen also nicht unbedingt nur mehr oder meist weniger schöne Kunststoff-Figuren sein.

14 Wasser-Klatschen. Wenn das Kleine badet, schlagen Sie doch mal mit der flachen Hand auf die Wasseroberfläche, daß es nur so spritzt. Das gibt ein ganz eigenes Geräusch. Und lauschen Sie mal

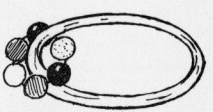

So soll Ihre Perlenklapper zum Schluß aussehen

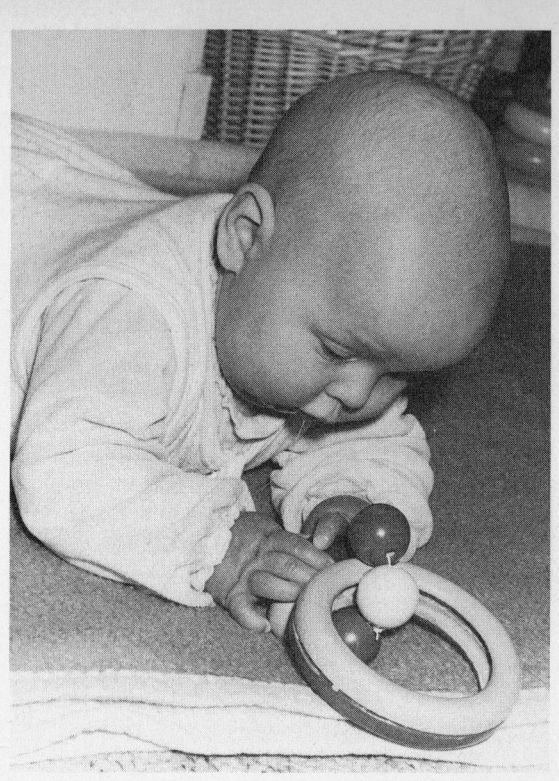

Die Perlenrassel erregt Lennards ganze Aufmerksamkeit

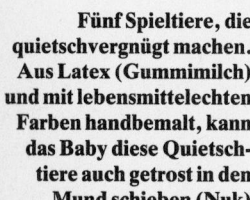

Fünf Spieltiere, die quietschvergnügt machen. Aus Latex (Gummimilch) und mit lebensmittelechten Farben handbemalt, kann das Baby diese Quietschtiere auch getrost in den Mund schieben (Nuk)

gemeinsam dem Geräusch, das entsteht, wenn Wasser in Wasser fließt, etwa wenn Sie einen Schwamm vor dem Babygesicht ausdrücken oder Wasser aus einem Becher in die Wanne gießen.

15 **Versteckte Klangquelle.** Läuten Sie einmal hinter dem Kopf des Kindes ein Glöckchen. Findet es die Schallquelle schon? Dreht es sich also um?

16 **Knittern & reißen.** Geben Sie dem Kind Seidenpapier, Pergamentpapier, leere Schreibblätter in die Hand. Es entdeckt sicher von selbst, wie es knistert beim Knittern und ratscht beim Reißen! Bitte noch keine bedruckten und beschriebenen Blätter in die Hand geben! Das Kind muß noch nicht unbedingt erfahren, wie Druckerschwärze und Tinte schmecken. Darin sind nämlich Schadstoffe enthalten.

Geben Sie Ihrem Kind Seidenpapier, leere Schreibblätter, Pergamentpapier: Wie das knistert beim Knittern und ratscht beim Reißen!

17 **Hände-Klatschen.** Helfen Sie ihm zu entdecken, daß es auch mit seinen Händen Geräusche erzeugen kann. Am einfachsten ist das Klatschen.

18 **Autogebrumm.** Lassen Sie Ihre Lippen locker brummen, so daß sie sichtbar vibrieren. Haben Sie dem Kind das einige Male vorgemacht, wird es Sie bald nachzuahmen versuchen.

19 **Lachen.** Jetzt kann das Kleine auch schon lauthals lachen. Das kann sich wie ein fröhliches Juchzen anhören, wenn ihm etwas ein besonderes Vergnügen bereitet. Lachen Sie dann mit ihm und bestärken Sie es damit in seiner fröhlichen Grundstimmung! Kitzeln und mit den Nasen aneinanderreiben bringt das Kind meist schnell zum Lachen.

Zu Beginn des zweiten Vierteljahres fangen die meisten mit dem Lallen an. Das bedeutet: Sie bilden Silben, die bis zum Ende des zweiten Vierteljahres zu langen Silbenketten wachsen: La-la-la-la-la, be-be-be-be, Ma-ma-ma-ma oder Pa-pa-pa-pa, Ketten, aus denen dann die ersten Wörter entstehen: Mama, Papa, dada...

Spielen Sie Echo, wenn Ihr Baby lallt. Ma-ma-ma-ma, la-la-la-la

Sie unterstützen diese Entwicklung sehr, wenn Sie Ihr Kind gerade in den Silbenketten bestärken, die sich später zu Wörtern mausern, indem Sie diese nachsprechen wie ein Echo. Ihre Nachahmung macht aus diesem Lallen schon einen ersten Dialog, der dem Kind große Freude bereitet.

Alle «alten» Hörspiele aus dem ersten Vierteljahr sind natürlich nicht etwa ausrangiert. Alle neuen erweitern nur das Repertoire.

Der gute Ton im dritten Vierteljahr

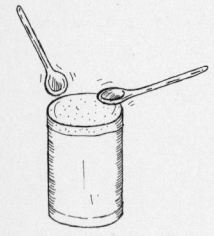

Das dritte Vierteljahr im Leben ist dadurch gekennzeichnet, daß der Mensch zu sitzen lernt. Anfangs zieht er sich erst mühsam wie im Klimmzug an Mutters oder Vaters Händen hoch und kann nur – wenn überhaupt – wenige Sekunden frei sitzen. Aber das Kleine liebt es sehr, wenn es – etwa abgestützt mit Kissen an der Wand – eine kurze Weile sitzen darf. Das sollten seine Eltern ihm täglich ein paar Minuten gönnen. Das erweitert die Spielmöglichkeiten enorm. Was die Klangspiele angeht, so macht es eine faszinierende Erfahrung. Ich kann ja mit Instrumenten Klänge erzeugen!

Eine Waschmitteltonne, vielleicht hübsch beklebt, und zwei Holzlöffel – das Trommelkonzert wird gelingen!

20 Trommeln. Das Kind sitzt abgestützt vor einer Waschmittel-Tonne und darf mit Holz-Kochlöffeln darauf trommeln. Schön ist es, wenn Sie die Tonne mit Klebefolie veredelt haben, dann ist sie zugleich auch noch ein Blickfang.

21 Ratschen. Ein ausrangiertes Frühstücksbrett oder ein anderes nicht splitterndes Stück Holz bekleben Sie mit feinem Sandpapier oder mit Wellpappe, am besten auf jeder Seite mit unterschiedlich holprigem Material. Geben Sie dem Kleinen eine Bürste. Es soll über die Flächen bürsten. Ein feines oder lautes Ratschen?

Ein Frühstücksbrett wird mit Sandpapier oder Wellpappe beklebt. Es wird zur Ratsche, wenn das Kind mit einer Bürste drüberfährt

22 Poltern. Das Kind kann nun auch schon Dinge aus der Hand fallen lassen. Herrlich die Sa-

chen, die tüchtig poltern, wenn sie zu Boden gehen, Holzklötze zum Beispiel. Achten Sie aber
nun zuverlässig darauf, daß nichts in Babys Griff-
nähe kommt, was zerbrechen könnte.

23 Im Takt bewegen. Großen Spaß macht es
den Kleinen, sich, mit dem Oberkörper wiegend,
im Takt zu bewegen. Lassen Sie also immer mal
wieder einfach etwas Musik spielen, vom Band
oder aus dem Radio. Oder: Nehmen Sie das
Kleine auf den Arm und tanzen Sie selbst mit ihm
sozusagen taktvoll durch den Raum! Die meisten
juchzen vor Vergnügen.

*Tolle Töne gibt's beim
Prusten in der Badewanne
oder beim Umwerfen von
Bausteinen*

24 Prusten. Sitzt das Kleine in der Badewanne,
führen Sie ihm doch mal Prusten vor! Mund unter
Wasser und stoßweise Luft auspressen! Anfangs
freut es sich einfach an Ihrem Tun. Irgendwann
wird es versuchen, Sie zu imitieren. Dazu gehört
Mut, denn sicher steckt es den Mund dabei zum
erstenmal freiwillig unter die Wasseroberfläche!
Eine ganz neue Erfahrung. Und fürs erste, zweite
und auch dritte Prusten sollten Sie ihm hohes Lob
spenden! Später reicht es dann, wenn Sie sich einfach mit ihm daran freuen.

25 Benennen. «Das ist meine Nase» – dabei fas-
sen Sie an Ihre Nase. «Und das ist deine Nase» –
dabei berühren Sie Babys Nase. Und so geht das
weiter: «Meine Augen – deine Augen», «Meine
Ohren – deine Ohren», «Mein Po – dein Po»,
«Mein Daumen – dein Daumen»...
Solches Benenn-Spiel läßt sich, ehe es langweilig wird, auch ausbauen:
«Da ist dein Ball!» – Sie verstecken ihn hinter
Ihrem Rücken. «Wo ist dein Ball?» – «Da ist dein
Püppchen.» – Sie stecken es zur Hälfte unter die
Bettdecke. «Wo ist dein Püppchen?» – «Das ist
deine Banane!» Das Kind ißt das Obst. «Wo ist
deine Banane?» – Sie zeigen auf seinen Bauch. «In
deinem Bauch!» Das kann man fortsetzen, solange
beide Lust dazu haben.

31

26 Bilder-Geschichten. Sie schauen sich gemeinsam ein Bilderbuch an, in dem ein paar Spielzeuge abgebildet sind, Utensilien zum Baden, Essen oder Anziehen.

«Da ist ein Teddy!» sagen Sie und fragen: «Wo ist dein Teddy?» Sie suchen den Teddy des Kindes und legen ihn neben das Bild vom Teddy. «Das ist ein Ball! – Wo ist dein Ball?» ... Wenn Sie ein anderesmal ein Bilderbuch begucken, kann jedes Bild Anlaß zum Erzählen einer kurzen Geschichte sein, eine vom Apfel, der am Baum hing und abgepflückt wurde, damit ihn ein Kind essen kann, eine von dem Holzauto, das der Opa selbst gebaut hatte, um dem Kind eine Freude zu machen ...

27 Kinderverse. Einfache Reime entzücken das Kind. Es gibt eine Menge schöner Sammlungen. Viele klassische und einige neue finden Sie zum Beispiel in «Fingerspiele und andere Kinkerlitzchen» von Raimund Pousset, ein Taschenbuch aus der Reihe «Mit Kindern leben».

Unsere Umfrage bei etwa hundert jungen Eltern ergab: Am beliebtesten sind noch heute:

> Backe, backe Kuchen,
> der Bäcker hat gerufen:
> Wer will guten Kuchen haben,
> der muß haben sieben Sachen:
> Eier und Schmalz,
> Zucker und Salz,
> Milch und Mehl,
> Safran macht den Kuchen gel.
>
> ✳
>
> Du bist ein kleiner Nackedei,
> du bist Hans Pitschenaß.
> Und wie dich Gott geschaffen hat,
> so setz ich dich ins Faß.
>
> ✳
>
> Frau von Hagen,
> darf ich's wagen,
> Sie zu fragen,

wieviel Kragen
Sie getragen,
als Sie lagen
krank am Magen
im Spital zu Kopenhagen?

Eine kleine Dickmadam
fuhr mal mit der Eisenbahn.
Eisenbahn, die krachte,
Dickmadam, die lachte.
Lachte, bis der Schutzmann kam
und sie mit zur Wache nahm.

28 Bei den **Fingerspielen** lagen in unserer Umfrage auf den vordersten Rängen:

Das ist der Daumen,
der schüttelt die Pflaumen,
der liest sie auf,
der bringt sie nach Haus,
und dieser kleine Schelm
ißt sie alle auf!

(Alle fünf Finger gespreizt gestreckt vor das Kindergesicht halten, bei jeder Zeile einen Finger zur Handfläche umkippen!)

Der ist in den Brunnen gefallen,
der hat ihn wieder rausgeholt,
der hat ihn ins Bett gelegt,
der hat ihn zugedeckt,
und der kleine Schelm da,
der hat ihn wieder aufgeweckt!

(Ausgangsposition wie oben. Dann wird bei der ersten Zeile der Daumen berührt, danach bei jeder Zeile der nächste Finger – beim «kleinen Schelm» sind Sie beim kleinen Finger angelangt!)

33

Schön ist natürlich, wenn Sie sich selbst mal als Dichterfürst probieren und ein paar Fingerverse schmieden, die auf das Kind selbst zugeschnitten sind und auf seine Familie.

Angenommen, Sie heißen Meier und Ihre Tochter hört auf Katharina. Dann könnten Sie reimen:

Wir sind Familie Meier.
(Ausgangsposition der linken Hand wie oben)
Wir machen eine Feier.
(Sie winken mit allen Fingerspitzen.)
Katharina heißt das Kind,
(Mit dem kleinen Finger das Kleine anstupsen, damit es merkt, daß es selbst gemeint ist.)
dem alle wohlgesonnen sind.
Schwester Beate fängt 'ne Maus.
(Mit dem Ringfinger wackeln)
Die Mutter zieht die Stirne kraus.
(Mit dem Mittelfinger über die Stirnfalten streichen.)
Der Vater rennt zur Wohnung raus.
(Zeigefinger in Richtung Wohnungstür ausstrecke)
Dort frißt die Katz die Maus!
(Das Kleine mit beiden Händen an den Schultern fassen und behutsam schütteln.)
Und nun ist die Geschichte aus!
(Hände falten. Kopf senken.)

Alle Meiers und Schmidts finden einen speziellen Vers-Vorschlag für ihre Familie auf dieser Seite

Oder: Wir sind Familie Schmidt, komm doch zu uns mal mit. Markus heißt das jüngste Kind...

Bestimmt fallen Ihnen passende Verse ein. Nur Mut: Ihr Kind registriert gewiß nicht, ob das Versmaß stimmt und der Reim ganz sauber ist! Es freut sich schlicht daran, daß es selbst Mittelpunkt der Geschichte ist und daß sich das, was Sie ihm erzählen, auch noch reimt.

Etwa ein Jahr später wird es solche Verse schnell im Kopf behalten und immer mehr davon mitsprechen.

Reizvoll ist es auch, wenn Sie bei Fingerspielen

gelegentlich einen «Glöckchen-Handschuh» anziehen, einen Handschuh also, bei dem an jedem Finger ein Glöckchen angenäht ist.

Die Lautmalereien im vierten Vierteljahr

Im letzten Vierteljahr ist Bewegung Trumpf. Für die meisten ist das Krabbeln die erste Fortbewegungsart, die sie nun bestens beherrschen.

Die Klangspiele der ersten Monate sind damit nicht out, doch neue, die sich in Bewegungen einbauen lassen, faszinieren jetzt meist noch mehr.

Herrlich ist eine Rasselrolle, die Sie blitzschnell selbst herstellen können:

Sie bekleben eine Versandrolle mit farbiger Klebefolie, den Deckel – isoliert – auch. Sie füllen die Rolle mit Rasselmaterial, etwa mit Büroklammern, mit Reis, mit Steinen, Knöpfen... Deckel drauf und mit farbigem Klebeband ankleben. Ab und zu lösen Sie den Deckel und füllen ein anderes Klappermaterial ein. Was meinen Sie, wie Ihr Kind staunt, wenn es plötzlich Reis rascheln hört, nachdem vorher Münzen – Reste von der Auslandsreise – drin klimperten! Diese unterschiedlichen Töne nimmt das Kleine nun schon als unterschiedlich deutlich wahr. Im Haushaltsgeschäft gibt es auch durchsichtige hohe Dosen, im Bastelgeschäft durchsichtige Kugeln, die man füllen kann. Da sieht man dann bunte Perlen zum Beispiel reizvoll durcheinanderwirbeln! In dieser aufregenden Zeit hat das Kleine großen Spaß daran, Laute nachzuahmen. Daraus ergeben sich unzählige neue Spiele:

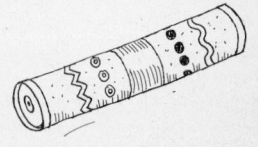

Eine bunt beklebte Versandrolle wird mit Rasselmaterial gefüllt (Büroklammern, Steinchen, Reis...). Das Krabbelkind jagt begeistert hinterher

29 Hunde. Sie beide sind zwei Hunde, die miteinander spielen. Da müssen nun auch Sie auf alle viere hinunter. Und bellen müssen Sie beide. Sie jagen dem Kleinen hinterher! Sie beißen in die Hosenträger, den Gürtel und schütteln das Kleine ein wenig. Oder Sie beschnuppern es.

Tierstimmen und andere Geräusche imitieren – das ergibt unzählige neue Spiele

35

30 Gänse. Sie formen aus Ihren flachen Händen – Handflächen einander zugekehrt – einen Schnabel, bewegen ihn auf und zu und schnattern. «Ga-ga-ga-ga!» watscheln Sie Ihrem kleinen Vierfüßler nach. Das Kind wird das sicher schnell imitieren.

31 Autospiel. Sie sind beide Autos. «Brumm-brumm-brumm» heult der Motor. Das lockt zu besonders schnellem Krabbeln!

32 Langschläfer. Sie legen sich beide auf den Boden. Sie schnarchen. Das Kind macht das sicher bald nach. Wie lange macht das Kind mit? Lassen Sie es das Spiel beenden. Dann reiben Sie sich die Augen und sagen: «Ich bin der Langschläfer!»

33 Pferdchen. Traben Sie auf allen vieren wie ein Pferd. Schnalzen Sie dabei mit der Zunge, so daß es so klingt, als trabe das Pferd auf der Asphaltstraße. Galoppieren Sie. Das Schnalzen muß sich da natürlich anpassen. Gehen Sie im Vierbeiner-Schritt. Kann Ihr Kind da mitmachen?

Ausblick auf das zweite Lebensjahr

Im zweiten Lebensjahr bleibt vieles aus dem ersten weiter interessant. Nur kommen immer mehr Spiele auf. Neben dem Konzert auf Waschmitteltonnen-Trommeln und Frühstücksbrett-Ratschen könnte jetzt auch schon ein einfaches Glockenspiel reizvoll sein. Achten Sie beim Kauf auf reine Töne, die voll klingen.

Vor allem die Sprache wird reichhaltiger. Wohl nichts fasziniert die Eltern mehr als der immer stärker wachsende Wortschatz ihres Nachwuchses.

Die klangvollen Spiele im zweiten Lebensjahr werden oft vor allem laut, was einem gestreßten Erwachsenen manchmal ganz schön auf die Nerven gehen kann. Versuchen Sie da zeitweise Kompromisse zu machen. Das Kind versucht, seine Grenzen zu finden, sowohl was seine Fähigkeit angeht, laute Laute zu erzeugen, als auch was die Geduld der Erwachsenen anbelangt.

Erster
Ohrenschmaus

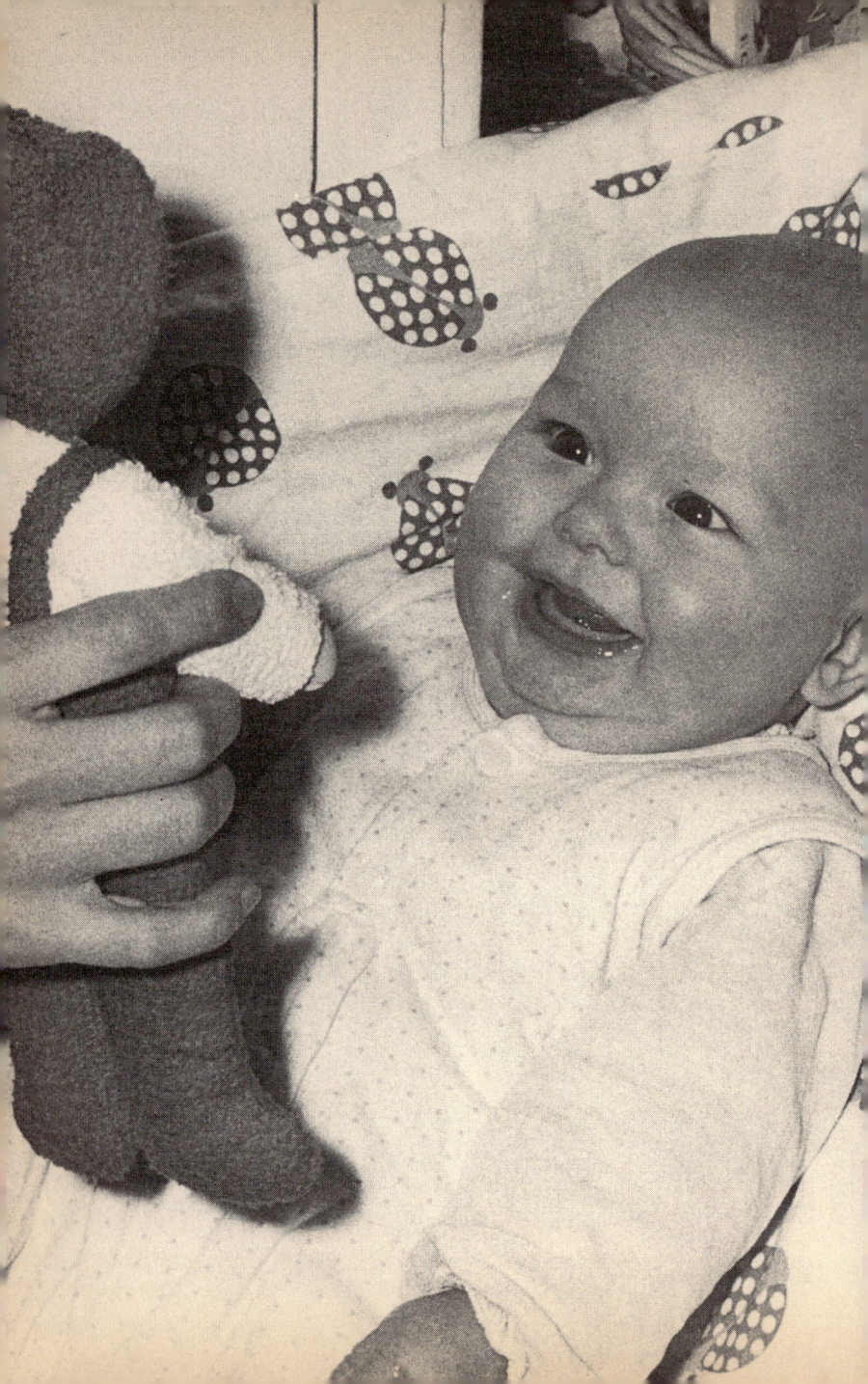

Kapitel 2

Babys
schönste Augenweiden

Die Augen sind wohl das wichtigste Sinnesorgan, das wir Menschen haben. Etwa 90 Prozent aller Eindrücke nimmt das Kind über die Augen auf. Aber das Sehen entwickelt sich entscheidend langsamer als das Hören.

Acht Wochen nach der Befruchtung bekommt ein Embryo erste menschliche Züge. Da beginnt sich sein Gesicht abzuzeichnen: Augen, Nase und Lippen deuten sich an.

Vier Wochen später sind die Gesichtszüge deutlicher. Dann wachsen sogar schon Augenlider, die später die Augäpfel schützen sollen.

Am Ende des fünften Schwangerschaftsmonats sind auf der Netzhaut bereits die sogenannten Stäbchen ausgebildet, die vor allem für die Unterscheidung von Hell und Dunkel zuständig sind. Und darum kann der werdende Mensch im Mutterleib Hell von Dunkel unterscheiden – durch seine hauchdünnen Lider, denn zunächst hält er die Augen immer geschlossen. Diese Helligkeitsunterschiede kann er natürlich am besten wahrnehmen, wenn die Bauchdecke der Mutter weit gedehnt und darum auch lichtdurchlässiger geworden ist.

Schon im Mutterleib kann der Mensch hell sehen

Das ist keineswegs eine wilde Spekulation. Es ist wissenschaftlich bewiesen. Die Forscher haben winzige Mikrofone in den Mutterleib eingeführt, mit denen sie die kindlichen Herzschläge früher und deutlicher hören können. Verändern sie außerhalb des nackten Mutterleibes die Lichtverhältnisse, so reagiert das kleine Herz regelmäßig mit schnelleren Schlägen der Erregung.

Im siebenten Schwangerschaftsmonat kann das Ungeborene seine Lider anheben und senken, die Augen also öffnen und schließen.

Wird ein Mensch geboren, so nimmt er die Welt um sich herum wahrscheinlich ziemlich verschwommen wahr, als Gewirr heller und dunkler Flecken. Weder Farben noch scharfe Konturen kann er schon jetzt erkennen. Denn erst nach der Geburt bilden sich auf der Netzhaut der Augen (nach den Stäbchen) nun auch die Zapfen, die für das Ausmachen von Farben und scharfen Konturen zuständig sind.

Vier Wochen nach der Geburt kommt die erste Schärfe ins Bild

Ist das Baby eine Woche alt, sieht es bereits schärfer, allerdings nur an einem Blickpunkt, der ziemlich genau 20 Zentimeter vom Auge entfernt liegt. Das kindliche Auge hat nämlich noch nicht gelernt, sich durch unterschiedliche Wölbung der Linse auf verschiedene Entfernungen einzustellen. Diese Fähigkeit erwirbt es erst etwa gegen Ende des ersten Lebensmonats. Darum beugt sich die erfahrene Mutter tief zum Kind hinunter, wenn sie es stillt oder trockenlegt, damit das Kleine sich mit ihrem Gesicht wirklich vertraut machen kann.

Anfangs rollen die Augen scheinbar ziellos in der Gegend umher. Erst allmählich lernt das Kind, die zwölf winzigen, aber hochwichtigen Augenmuskeln zu kontrollieren, so daß es seine Augen erst am Ende des ersten Lebensmonats in einer bestimmten Richtung halten kann. Dann erst kann es einen Gegenstand fixieren.

Babys schielen oft, weil sie erst lernen müssen, ihre Augen exakt auszurichten

In den ersten Monaten fürchten viele Eltern, ihr Kind schiele. Keine Angst: Meist hängt das auch damit zusammen, daß die Kleinen erst lernen müssen, ihre Augen exakt auszurichten.

Als erste Farbe erkennen die Kleinsten das Rot. Am Ende des ersten Lebensmonats ist das meist der Fall. Am Ende des vierten Lebensmonats kommen dann die Farben Blau, Gelb und Grün dazu. Alle Farben erkennt ein Kind besonders gut im Kontrast mit Weiß oder Gelb.

Wer das weiß, läßt sich beim Kaufen oder Basteln von Babyspielzeug nicht von irgendwelchen Modefarben irritieren. Er sorgt dafür, daß in Babys Augenweiden Rot, Rot-Weiß, das dem Rot verwandte Orange, Rot-Gelb, Blau-Weiß, Blau-Gelb, Grün und Grün-Weiß vorherrschen.

Lichtblicke im ersten Lebensmonat

Im ersten Lebensmonat will ein Kind vor allem schlafen, bis zu 21 Stunden pro Tag. Rechnet man die Zeit fürs Stillen, Wickeln, Baden noch dazu, bleibt wenig Spiel-Raum.

In den Wachminuten aber möchten vor allem die Augen beschäftigt sein. Das Kleine bevorzugt mildes Licht. Grelles Licht wehrt es entschieden ab. Reicht es nicht, die Augen zu schließen und die Stirn zu runzeln, weint es, schreit vielleicht auch und bringt schließlich sogar Arme und Beine in Abwehrposition, als könnte es das Licht wegdrücken.

Zu mildem Licht dreht es sich wie die Blüte zur Sonne. Es schaut auf ein Fenster, durch das Licht ins dämmrige Zimmer fällt, es blickt auf eine beleuchtete Wand. Wenn Sie sein Bett so stellen, daß es einen Lichtblick dieser Art haben kann, bieten Sie ihm für sein Alter schon die schönsten Licht-Spiele.

Wenn das Kind etwa nach einer Lebenswoche schon ein wenig schärfer zu sehen beginnt – wenn auch nur auf eine Entfernung von 20 Zentimetern –, halten Sie ihm einen knallroten Frotteebären oder ein rot-weißes Frotteepüppchen auf diesen Blickpunkt. Es freut sich, da schon eine recht scharfe Kontur zu erkennen.

Rot oder Rot-Weiß zieht im zweiten Monat den Blick am ehesten auf sich

Von Anfang an liebt es vor allem Mutters Gesicht, das sich beim Stillen und Windeln auf «seine» Entfernung senkt, das sich dem Kind damit immer vertrauter macht.

Aber allmählich gibt es mehr Schau-Spiele.

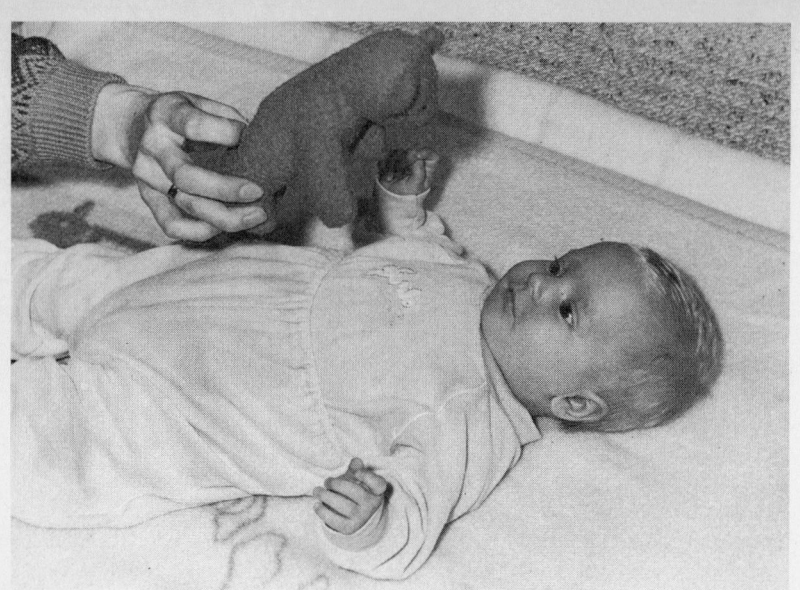

Die Mutter weiß, was ihre Tochter liebt: Sie hält den knallroten Frotteebären in etwa 20 cm Abstand vor Sandra hin. Da kann auch ein ganz Kleines die Kontur schon erkennen, sieht das Spielzeug und spürt die Zuwendung

Blickfänge für den zweiten und dritten Monat

Zu Beginn des zweiten Lebensmonats kann das Kind die rote Farbe erkennen, am besten im Kontrast zu Weiß. Was den Blick des Kindes anziehen soll, muß also vor allem rot oder rot-weiß sein.

34 Die rot-weiße Rassel. Weil das Kind nun schon konzentriert lauscht, wenn in seiner Nähe etwas ertönt, ist die rot-weiße Rassel, auf seinen besten Blickpunkt von 20 cm gehalten, das Spielzeug, das sein größtes Entzücken auslöst. Aber weil es sie auch schon von anderen Spielzeugen unterscheiden möchte, können Sie ihm auch mal ein rot-weißes Frotteepüppchen oder einen knallroten Frotteebären anbieten. Mehr als drei Spielzeuge dieser Art braucht das Kleine noch nicht.

35 Ein Luftballon-Gesicht. Doch auch wenn Sie keine Zeit für Ihr Baby haben, möchten seine

Augen irgend etwas entdecken können. Ein roter Luftballon, mit Gas gefüllt, steht aufrecht direkt über den Gitterstäben. Malen Sie doch mit weißer Fingerfarbe Augen, Nase, Mund und mit gelber Farbe noch ein paar Haare drauf. Babys lieben ja kaum etwas mehr als ein Gesicht.

36 Drachen-Wache. Oder Sie lassen einen knallroten Drachen knapp über dem Bett wachen – Oberseite nach unten schauen lassen! An seinen Schwanz binden Sie viele rote Schleifen, die auf die weiße Bettdecke fallen.

37 Papiergirlanden. Statt dessen können Sie auch mal bunte Papiergirlanden, wie man sie zu Sommerfesten oft verwendet, am oberen Bettrand entlanglaufen lassen, natürlich vor allem rote oder rot-weiße.

38 Bewegungsspiele für die Augen. Bald werden Sie bemerken, daß Ihr Kind der rot-weißen Rassel, dem Bären oder einem anderen beliebten Spielzeug schon ein wenig mit den Augen folgt, wenn Sie es ein Stück vor seinen Augen nach rechts oder links bewegen. Wieder ist ein wichtiger Schritt getan: Das Kleine kann Bewegungen nun schon 45° von der Mitte aus nach beiden Seiten folgen. Das bedeutet: Es gewinnt Freude an allem Roten und Rot-Weißen, das sich bewegt.

39 Bänderkranz. Ein Blickfang ist darum rasch hergestellt. Malen Sie einen Gardinenring rot an. Ist die Farbe trocken, wird lackiert (was empfehlenswerte Lacke angeht, s. Seite 189). Nun binden Sie viele Bänder an, vor allem rote neben weiße, aber getrost auch schon gelbe, blaue, grüne. Hängen Sie den Bänderkranz so auf, daß die Bänder im Luftzug – zum Beispiel beim Öffnen und Schließen der Tür – flattern können.

40 Mobile. Es könnte statt dessen auch ein Mobile über dem Bett hängen. Es gibt unzählige für

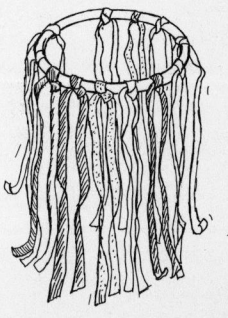

So könnte Ihr Bänderkranz aussehen, den Sie statt eines Mobile über das Bettchen hängen können (über die Füße etwa, damit das Kind die Bänder auch erkennen kann)

43

jeden Geschmack. Aber es gibt wenige, die – über dem Bett aufgehängt – dem Baby die Freude machen, die sie machen sollten. Bedenken Sie: Das Kind schaut aus der Froschperspektive. Die mei-

Die Figuren an diesem Mobile erkennt ein Kind auch aus der Froschperspektive

sten Mobiles, die es heute zu kaufen gibt, wurden ohne diese Überlegung hergestellt. Denn von unten kann man oft nur die uninteressanten schmalen Kanten der Figuren erkennen, die aus der Sicht der Erwachsenen vielleicht wunderschön sind. Nur einige wenige aber sind wirklich für diesen Zweck geeignet. Sie können natürlich nichtsdestoweniger ein hübscher Zimmerschmuck sein. Wollen Sie das Mobile aber direkt über das Bett oder über die Wickelkommode hängen, so sollten Sie es sich vor dem Kauf einmal von unten betrachten.

Am besten wäre es, an den Bügeln des Mobiles hingen ganz einfache bunte Kugeln, die ja von allen Seiten gleich ausschauen. Doch leider ist gegenwärtig ein solches nicht zu haben. Aber Sie können sich natürlich selbst eins machen.

Zwar mögen ganz viele Menschen das Material Styropor nicht so gern. Es hat aber den Vorteil: Sollten Sie die Kugeln nicht so ganz sicher befestigt haben und fällt darum einmal eine auf das Kinderbett, so ist solche Kugel kaum zu spüren, während eine herabfallende Holzkugel schon ganz schön weh tun kann. Für das Mobile brauchen Sie also:

Fünf Styroporkugeln, ⌀ 80 mm, einen Rundstab 30 cm lang, zwei je 12 cm lang, ⌀ 8 mm. 6 kleine Holzperlen, die genau auf die Rundstäbe passen, etwa 1,50 m Nylonschnur, Plaka in Rot, Weiß, Blau, Gelb und Grün, Klarlack (siehe Empfehlungen Seite 189), 5 Briefklammern sowie ein Dutzend Schaschlikstäbchen.

So gehen Sie vor:

Die Schaschlikstäbe werden in die Styroporkugel und auch in die kleinen Holzperlen gesteckt, damit Sie sie alle in einem Arbeitsgang anstreichen oder lackieren können (siehe auch Seite 26). Von den fünf großen Kugeln streichen Sie eine rot, eine weiß, eine blau und eine grün an. Die fünfte soll rotweiß gestreift aussehen. Bei den Streifen müssen Sie darauf achten, daß von unten der Farbwechsel nur dann zu sehen ist, wenn Sie die Streifen von oben nach unten, also nicht rundum quer verlaufen lassen. Sind die Farben trocken, folgt der zweite Anstrich. Ist auch der trocken, wird lackiert.

Die Briefklammern sollen die Aufhänger für die Kugeln werden. Die beiden Enden kommen (ähnlich wie bei Weihnachtskugeln) in das Loch. Tropfen Sie etwas Klebstoff hinein, damit es besser hält, und lassen Sie die trocknen.

Inzwischen stellen Sie das Bügel-Gerüst her. Wie es aussehen muß, zeigt die Zeichnung vom fertigen Mobile: An die Enden der Rundstäbe

Schönste Augenweiden

Ein Mobile aus Kugeln ist besonders geeignet. So können Sie es selbst basteln

So wird die Briefklammer zum Aufhängen in die Styroporkugel geklebt

werden die Perlen aufgesteckt, damit die Nylonfäden nicht herunterrutschen können. In gleicher Höhe werden die einfarbigen Kugeln gehängt, die gestreifte hängt in der Mitte tiefer herab. Die Länge der Fäden ergibt sich durch Ausbalancieren.

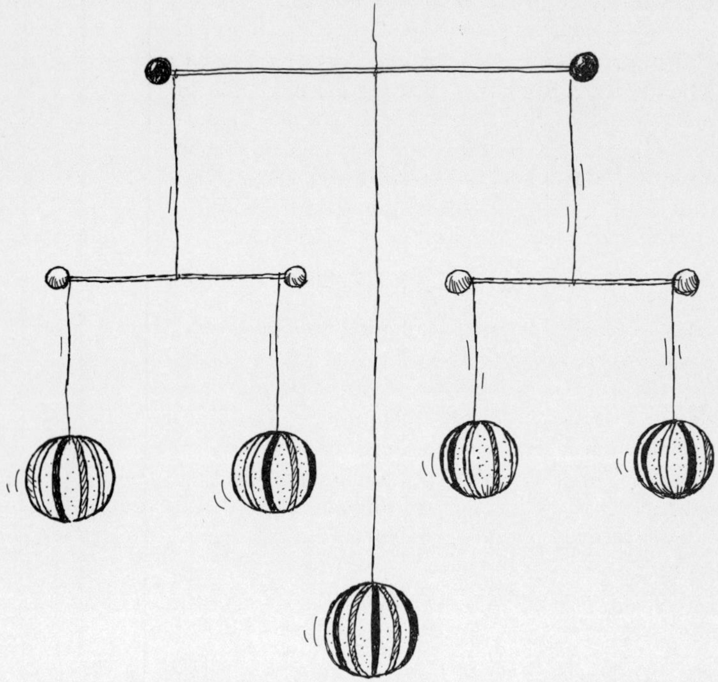

41 Masken. Wollen Sie an der Wand einen Blickfang bieten, so eignen sich bei heller Wand vor allem Masken aus zunächst rotem Karton, später kann es auch eine Maske aus blauem oder grünem Karton sein. Augen, Nase und Mund werden einfach ausgeschnitten, so daß die helle Wand durchscheint. Gesichter liebt das Kind ja sehr. Dem kommen die Masken entgegen. Natürlich können Sie aus Anzeigen, Verpackungen oder Katalogen auch große Gesichter einfach ausschneiden und an die Wand heften.

Neben der Bewegung wird nun auch der Wechsel von Hell und Dunkel interessant. Schließlich erfahren Menschen Licht als Gegensatz zur Dunkelheit. Auch durch solche Erfahrung wird das Gehirn des Kindes angeregt.

42 Kerzenlicht. Wenn das Kind auf Ihrem Schoß sitzt: Schauen Sie mal gemeinsam in die Kerzenflamme. Sprechen Sie zärtlich mit dem Kleinen, schmusen Sie mit ihm, oder erzählen Sie etwas, singen Sie oder spielen Sie die Spieluhr ab. Das Kind spürt, daß Kerzen Gemütlichkeit ausstrahlen, in der sich Zuneigung besonders gut ausdrücken läßt.

43 Lichtkegel. Es ist dämmrig. Lassen Sie den Lichtkegel einer Taschenlampe über eine helle Wand huschen. Wenn Vater und Mutter mitspielen, kann ein Lichtkegel den anderen jagen.

44 Lichter in der Nacht. Halten Sie das Kind eng bei sich auf dem Arm. Schauen Sie aus dem dunklen Zimmer auf die Straße. Da sind Lichter zu sehen von vorbeifahrenden Autos und Fahrrädern oder der Mond und die Sterne. Beobachten Sie gemeinsam am Fenster den schönen Blitz bei Gewitter, vor allem in der Dämmerung oder in der Nacht, wenn das Kind noch nicht durchschlafen kann.

Vom sicheren Platz auf Ihrem Arm aus ist ein Blitz faszinierend zu betrachten

45 Blätterdach. Wenn Sie das Glück haben, einen sonnigen Tag zu erwischen im Sommer oder im Herbst: Stellen Sie das Kleine im Wagen unter einen Baum. Die Blätter bewegen sich im sachten Wind und lassen das Licht durch das Laubdach flimmern.

46 Hampelmann. Ein Hampelmann begeistert. Das Kind kann ihn, wenn er an der Wand hängt, natürlich nur sehen und sich an seinem Hampeln freuen, wenn Sie es auf dem Arm haben und es ihn so von vorn (nicht von unten) betrachten kann. Das Kind hat Spaß an der ulkigen Hampelei. Das ist allerdings eine Bewegung, die Kinder später vielleicht dem Hampelmann mal nachmachen, die aber an sich keine natürliche Bewegung ist. Es gibt nur sehr wenige Beispiele von Hampelleuten, die von der Seite und im Profil abgebildet sind. Zieht man an ihrer Schnur, machen sie eine Laufbewegung. Spaß machen sie den Kindern genausoviel.

47 Kugelkette. Über den Wagen können Sie auch jetzt schon eine bunte Kugelkette spannen. Es gibt sie in reicher Auswahl zu kaufen. Jetzt dient sie allerdings nur als Blickfang. Wichtig wird sie etwas später als Ansporn für das Kind zum Greifen. Darum finden Sie auch erst im nächsten Kapitel eine Anleitung zum Basteln einer Kugelkette (siehe Seite 63).

48 Hüpfpüppchen. Besondere Freude hat ein Kind in diesem Alter auch an einem Hüpfpüppchen. Es ist schnell selbst gemacht: In Bastelgeschäften gibt es neben Holzperlen (Kopf) auch kleine Holzkegel, die als Körper dienen können. Anmalen, lackieren. Kleben Sie die Kegelspitze in das Loch der Holzperle. Kleben Sie über Hinterkopf und «Wirbelsäule» ein Gummiband. Fertig. Wenn Sie das innen am Autodach befestigen, wird die Fahrt auch für das Baby nicht so langweilig. Sie können es natürlich auch an Ihrer Hand über dem Bett hüpfen lassen.

Die schönsten Augenblicke im zweiten Vierteljahr

Ein Hüpfpüppchen ist stets eine begeistert begrüßte Abwechslung. Auch unbegabte Bastler kriegen das schnell hin

Allmählich wird das Greifen wichtiger als das bloße Hinschauen. Aber darum bekommen die Augen nicht etwa weniger zu tun. Mit ihnen hat das Kind die Beweglichkeit der Hand und der Finger entdeckt. Mit ihnen lernt es nun auch, Hände und Finger gezielt zu steuern. Hand und Augen werden «koordiniert», sagt der Fachmann. Das ist eine Glanzleistung des Dreigespanns Auge, Ge-

hirn und Hand. Und: Immer mehr wird aus dem Sehen und Registrieren im Gehirn ein bewußteres Erkennen.

Am deutlichsten können Sie das selbst bei einem Spiel erleben: Schieben Sie ein reizvolles Auto oder eine reizvolle Eisenbahn vor dem Kind von rechts nach links, einmal, zweimal, zehnmal. Das Kind wird dem Spiel mit den Augen interessiert folgen. Schieben Sie das Spielzeug nun aber plötzlich und ohne Ankündigung von links nach rechts. Am Anfang des zweiten Vierteljahres werden die Augen des Kindes trotzdem den gewohnten Weg nehmen: von rechts nach links. Versuchen Sie dasselbe aber, wenn das Baby älter als 20 oder 22 Wochen ist, folgen seine Augen dem Spiel auch beim Richtungswechsel. Hier war das Gehirn in Aktion!

Mädchen ziehen bei Bildern Fotos vor, Jungen Zeichnungen

Ein faszinierender Fortschritt. Loben Sie das Kleine für diese Leistung. Es begreift sicher nicht, was ihm da soviel Anerkennung verschafft, aber es spürt Ihre Freude über sein Tun und betritt da schon eine erste Stufe zum Selbstbewußtsein.

In der Art, Dinge anzuschauen, entstehen erste Unterschiede zwischen Jungen und Mädchen, die man rational gar nicht erklären kann. Alle Kinder in diesem Alter lieben Gesichter. Aber Mädchen haben eine Vorliebe für Fotografien, Jungen für Zeichnungen. Manche Entwicklungspsychologen meinen, das sei ein erstes Zeichen dafür, daß Jungen und Männer sich leichter von der Realität lösen, abstrahieren können als Mädchen und Frauen. Das läßt sich freilich kaum beweisen. Aber erstaunlich sind die unterschiedlichen Vorlieben schon.

Für die meisten Kinder ist es in diesem Alter neu, daß sie den Kopf – bäuchlings liegend – nicht nur kurz anheben, sondern auch eine kurze Weile oben halten können. Das erweitert den Horizont enorm. Probieren Sie das doch selbst einmal aus! Legen Sie sich auf dem Boden auf den Bauch. Was sehen Sie, wenn Ihr Kopf auf dem Kinn aufliegt? Wenig. Und was sehen Sie, wenn Sie den Kopf anheben? Schon eine ganze Menge! Es ist manchmal hilfreich, so etwas am eigenen Leibe zu versuchen, weil die Chancen damit wachsen, das Kleine zu verstehen.

Nun wird es also sinnvoll, einen Kinderwagen mit Fenster zu besitzen. Da kann das Kleine selbst bei Ihrem Klönschnack mit der Nachbarin an der Ecke seine Augen spazierenführen und viel Neues entdecken.

Inzwischen hat das Kind auch schon eine Menge Körpererfahrung. Und spätestens nach dem ersten Vierteljahr kann das Kleine etwas, was jeden Erwachsenen immer wieder neu in Erstaunen versetzt: Es kann Mimik imitieren!

49 **Mienenspiel.** Am meisten Spaß machen Mimik-Spiele, wenn Sie beide bäuchlings auf dem Boden liegen und den Kopf anheben. Ihre Köpfe sollten nahe beieinander sein, 30 bis 50 cm voneinander entfernt.

Schauen Sie Ihr Kind ein paar Sekunden lang

So macht das Mienenspiel besonders viel Spaß. Vater und Sohn liegen bäuchlings auf dem Boden und schauen sich ins Gesicht

bewegunglos an, möglichst ohne einen bestimmten Gesichtsausdruck. Bald wird das Kleine unsicher: Es kann aus Ihrem Gesicht nicht herauslesen, ob sie mehr oder weniger freundlich gestimmt sind.

Es wird unruhig. Lächeln Sie! Erleichtert lächelt das Baby auch. Es strampelt vor Freude. Vielleicht kippt das Köpfchen vor Begeisterung dabei auf den Boden.

Werden Sie dann einmal ganz ernst. Das Babygesicht verdunkelt sich. Stecken Sie doch mal die Zunge heraus. Das Kleine schaut unsicher. Das hat es noch nie getan. Aber wenn Sie ein wenig Geduld haben, werden Sie staunen: Plötzlich schiebt sich die kleine Zunge zwischen die Zähne. Ganz schön anstrengend! Man sieht es: Die Babystirn legt sich dabei meist anfangs in Falten. Oder rümpfen Sie mal die Nase! Runzeln Sie die Stirn. Schieben Sie die Lippen zum Flunsch. Bald wird das Kind das alles auch nachahmen.

50 Dunkler Angriff. Junge Eltern, die gut beobachten können und Freude daran haben, kommen ohnehin aus dem Staunen nicht heraus. Das Kleine kann nun nämlich auch Entfernungen abschätzen, zumindest daraufhin, ob sie gefährlich sind oder nicht. Spielen Sie mit ihm auch ab und zu mit dieser neuen Errungenschaft! Halten Sie einen dunkleren Gegenstand, vielleicht einen braunen Teddy oder einen dunkelblauen Schal, in einer Entfernung von etwa einem Meter vom Kind. Das schaut das unbekannte «Unding» natürlich an, zeigt aber weder besonderes Interesse noch Angst. Führen Sie es langsam näher. Sind Sie etwa 40 cm herangekommen, erscheint dem Kind das «Etwas» gefährlich. Es geht deutlich in Abwehrposition. Aber ehe es noch zu weinen anfängt, lachen Sie und ziehen das «Monster» wieder weg. Haben Sie das schon häufiger mal gemacht, begreift das Kind seine plötzliche Angst als Spiel-Spannung. Zunächst ist es tatsächlich erleichtert, wenn sich das, was da auf es zu kam, wieder entfernt, und es lacht,

Angst vor einem dunklen Schal kann zur Spiel-Spannung werden

weil die Angst weicht. Bald aber lacht es bereits, wenn der dunkle Gegenstand noch in der Nähe ist, weil es weiß: Gleich ist er wieder weg!

51 **Kuckuck-Spiel.** Eine ganz ähnliche Spielerfahrung machen nahezu alle Kinder beim Kuckuck-Spiel. Bei unserer Befragung von hundert jungen Eltern zeigte sich: Alle spielen es – und bei den Kleinen gehört es jetzt und noch lange zu den beliebtesten Spielen überhaupt: Mutters lachendes Gesicht ist dem Kind nahe. Plötzlich ist es weg, versteckt. Trennungsschmerz entsteht. Das Kind hat Angst, verlassen zu werden. Doch bald weiß es: Das ist nur ein Spiel – gleich ist die Mutti wieder da. Es begreift die Angst wieder als Spielspannung und freut sich an ihr, weil sie gleich wieder vergeht.

Das Kind begreift: Auch Dinge, die ich nicht sehe, können dasein

Irgendwann, vielleicht schon im fünften Monat oder auch später, wird das Kind selbst zu einem Tuch greifen und das eigene Gesicht verdecken. Es wäre großartig, wenn Sie diesen Augenblick gerade mitbekämen. Dann mimen Sie natürlich große Angst! Überglücklich wird Sie das Kleine dann anlächeln!

Aus dem passiven Mitspieler ist ein aktiver geworden!

52 **Versteckspiele.** Aus diesem Spiel entwickelt sich allmählich noch ein neues: das Versteckspiel. Denn nun hat das Kleine ja begriffen, daß Dinge auch dann dasein können, wenn man sie gerade nicht sieht.

● Lassen Sie die Beine eines Teddys oder einer Puppe unter der Decke hervorschauen. Kommt es nach einer Weile nicht darauf, die Decke wegzuziehen, damit sein Liebling wieder ganz zu sehen ist – auch nicht, wenn Sie fragen: «Wo ist denn dein Teddy?» –, zeigen Sie ihm den einfachen Trick. Versuchen Sie es bald wieder einmal, immer wieder, bis das Kind den Teddy allein finden kann oder die Puppe.

● Teddy oder Puppe stehen oder sitzen im Sandeimer. Nur der Kopf schaut heraus. Erkennt das

Kind das Spielzeug trotzdem, fragen Sie es: «Wo ist dein Teddy? – deine Puppe?» Kann es sie nicht entdecken, heben Sie das Gesuchte aus dem Eimer. Wenn es halb verdeckte Gegenstände schon selbst erkennt, hat es schon wieder einen ganz großen Schritt nach vorn getan: Sein Gehirn kann dann nämlich ein Teil zu einem Ganzen ergänzen! Da ist wieder einmal hohes Lob fällig!

● Halten Sie ein buntes Bild hinter ein Stück Karton. Ziehen Sie den Karton weg. Das Bild ist da! Freude im Kindergesicht. Schieben Sie das Bild nach einer Weile wieder hinter den Schirm, kurz darauf wieder hervor. Aufhören, wenn das Kind das Interesse verliert! Aber Sie sollten solche Spiele immer wieder einmal machen. Sie sind beste Nahrung für das Kindergehirn! Irgendwann ergreift es den Karton, die Decke oder was etwas Reizvolles sonst verdeckt, um sich die Freude selbst zu machen. Nach häufigen Erfolgserlebnissen sollte der Gegenstand dann mal nicht am vermuteten gewohnten Ort sein. Große Enttäuschung! Dann taucht er natürlich doch auf. Mal ist er da, mal nicht, der ersehnte Gegenstand. Das ergibt Spielspannung.

Die neuen Perspektiven im zweiten Halbjahr

Manches, was da bei den Versteckspielen, die im zweiten Vierteljahr beginnen, beschrieben ist, findet bei fast allen Kindern nun erst im zweiten Halbjahr statt. Es entwickelt sich ganz allmählich aus dem einfachen Kuckuck-Spiel. Wann die einzelnen Schritte aber getan werden – das ist bei jedem Kind ein bißchen anders und sagt – für sich genommen – überhaupt nichts über seine geistige Veranlagung aus. Sie können selten wissen, was reiner Zufall, was bloße Gewohnheit und was wirklich geistige Leistung ist. Das gilt auch für alle Spiele, die nun folgen.

53 Ein Spielzeug heranziehen. Stellen Sie ein Nachziehtier auf eine Decke oder ein Tuch. Das Tier sollte mit der Hand nicht, die Decke sollte erreichbar sein. Das Kleine möchte das Krokodil, die Ente, den Hund natürlich haben. Es wird quängeln, damit Sie seinen Wunsch verstehen. Irgendwann sollten Sie dabei nicht mehr reagieren. Warten Sie ab. Kommt das Kleine selbst auf die Idee, an der Decke zu ziehen, zu zerren, damit es an das Tier heranreichen kann? Das wäre natürlich ganz toll. Kommt es nicht drauf, ist das auch nicht schlimm. Dann zeigen Sie ihm den Trick einfach. Immer wieder einmal, bis der Groschen gefallen ist. Nun können Sie ihm oft Reizvolles auf erreichbare Tücher stellen. Es wird nicht quängeln. Aber plötzlich werden Sie hören, wie es sich müht oder sich freut. Loben Sie es dann immer sehr. Das bestärkt es jetzt schon auf seinem Weg zur Selbständigkeit. Und es erhöht den Wiederholungsreiz.

Diese Freude, wenn das Baby die Ente zum erstenmal allein erreicht hat

Später können Sie dann das Nachziehtier so aufstellen, daß die Schnur erreichbar ist. Schon wieder eine ganz neue Aufgabe. Auch diese wird das Kind nach einer Weile bewältigen.

54 Bänder abwickeln. Großes Staunen löst es beim Kind aus, wenn Sie ihm das Ende eines Bandes in die Hand drücken, das auf einer Rolle aufgewickelt ist. Gehen Sie ein Stück weg! Das Band wächst! Welche Entdeckung!

55 Ball-Spiele. Wenn Sie bemerken, daß Sohn oder Tochter erste Erfolge bei Fortbewegungsversuchen hat – zuerst rollt es sich, dann robbt es, kriecht, zuletzt krabbelt es –, können Sie zur Unterstützung einen reizvollen Ball anbieten, vielleicht einen roten mit weißen Punkten oder einen ganz bunten. Sie sitzen neben dem Kind. Sie rollen den Ball ein kleines Stück weg, so weit, daß er vom Platz aus nicht mehr zu erreichen ist. Warten Sie ein wenig. Doch ehe das Kind allzu enttäuscht ist, robben oder kriechen Sie selbst zum Ball, um ihn zu holen. Rollen Sie ihn zum Kind! Ob es versucht, ihn zurückzurollen? Wahrscheinlich nicht. Es wird ihn an sich drücken, glücklich, daß es ihn nun doch hat. Eine Weile später rücken Sie wieder zu ihm, rollen den Ball ein Stückchen weg. Dasselbe Spiel. Irgendwann wird das Kleine aktiv. Manche Kinder beginnen damit zu versuchen, den Ball auch einmal selbst wegzurollen, andere damit, zum Ball hinzurobben. Herrlich, das zu beobachten! Nach und nach begreift Ihr Kind dann beide Bewegungen: Ball wegrollen und wieder holen. Dann können Sie versuchen, es allmählich zum Zusammenspiel zu reizen.

Wegrollen und wieder holen: vielleicht wird bald ein Zusammen-Spiel daraus

Ein Ball kann noch viel mehr. Man kann ihn hochwerfen, auf die Erde tippen, wenn er aus elastischem Material und hart ist, mit ihm schmusen, wenn er weich ist, oder sich drauflegen. Man kann ihn gegen die Tür werfen, ihn fangen oder ihn kreiseln lassen. Vor dem ersten Geburtstag kann das Kleine das alles noch nicht. Aber es staunt, wenn Sie ihm das eine oder andere mal vorführen.

a) So einfach läßt sich eine Laterne herstellen – einen DIN-A3-Bogen so einschneiden ...

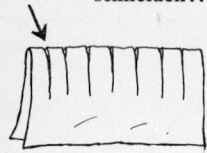

56 Laternen-Wunder. Das warme flackernde Licht einer Laterne fasziniert das Kind in diesem Alter sehr. Wenn Sie im Zimmer bleiben, darf die leuchtende Laterne in der Nähe des Kindes hängen. Oder Sie halten sie. Wunderbar, wenn Sie auch mal eine am Sportwagen anbringen oder am Buggy, wenn Sie im Dämmern oder Dunkeln nach Hause fahren.

b) ... um eine runde Käseschachtel herumkleben und oben mit einem «Henkel» versehen

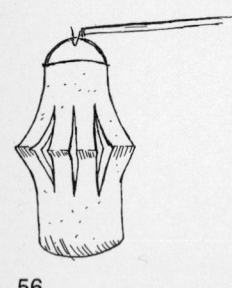

In den Geschäften finden Sie eine große Auswahl. Aber vielleicht haben Sie auch einmal Lust, selbst eine herzustellen. Es gibt ein paar ganz einfache Möglichkeiten.

● Eine Karton-Laterne. Einen DIN-A3-Bogen kräftigen roten Karton falten Sie in der Mitte quer. Schneiden Sie im Abstand von etwa 2 cm von der Mitte aus ein Stück weit ein. So:

Falten Sie Ihr Werk auseinander. Kleben Sie als Laternenboden den Deckel einer kreisrunden Käseschachtel ein, auf dem Sie die Kerze befestigt haben. Oben kommt ein kleiner Drahtbügel dran und ein Rundstab zum Halten. Fertig.

- Kürbis-Laterne: Schneiden Sie einen Deckel vom Kürbis ab. Höhlen Sie die Frucht aus. Schneiden Sie mit einem Messer Augen, Nase und Mund in die Wand. Lassen Sie die Frucht innen ganz austrocknen. Setzen Sie die brennende Kerze hinein. Deckel drauf! Sieht das nicht hinreißend gespenstisch aus? Ihr Kind darf sich dann natürlich fest an Sie kuscheln, damit es sich nicht ängstigt.
- Ballon-Laterne: Blasen Sie einen Luftballon prall auf. Bekleben Sie ihn bis auf ein kleines Stück am «Auspuff» mit Kleisterpapier. Kleisterpapier entsteht, wenn Sie für die untere Schicht Zeitungspapier, für die obere ganz bunte Papiere mit Tapetenkleister dick bestreichen. Lassen Sie diesen Ballon gut durchtrocknen. Lassen Sie die Luft raus. Kerze, Drahtbügel und Haltestab – fertig. Auch beim Laternenumzug können Sie sich damit sehen lassen!

c) Oder einen Kürbis aushöhlen, nachdem ein Deckel abgeschnitten ist, und Augen, Nase und Mund einschneiden

Einen Luftballon bis «zur Halskrause» mit Kleisterpapier bekleben, trocknen lassen, Luft raus – auch eine herrliche Laterne!

57 Spiegel-Spiele. Ganz besonders begeistern Babys in diesem Alter Spiegel. Unsere Umfrage hat das wieder bestätigt. Nur ganz wenige Eltern machen mit ihren Kindern keine Spiegel-Späße!

Am besten ist es, wenn Sie das Kind zunächst auf dem Arm in einen großen Spiegel schauen lassen. Es ist irritiert. Hat es sich an dieses Bild gewöhnt, auf dem die Mutti mit einem Baby zu sehen ist, machen Sie vor dem Spiegel langsam einfache Bewegungen, einen Knicks, einen Diener, Sie tanzen, werfen das Kind ein Stück hoch oder halten es hoch, so daß es das alles im Spiegel sieht. Sie ziehen mal Fratzen. Nicht alles auf einmal, mal das eine, mal das andere, immer wenn Sie zufällig oder gewollt mit dem Kind auf dem Arm am Spiegel sind. Nach und nach merkt das Kind, daß dieses Baby da alles mitmacht, was es selbst tut. Und irgendwann begreift es, daß es da selbst zu sehen ist. Aber das Staunen bleibt. Es patscht an den Spiegel, klatscht vor Begeisterung, strampelt vor Vergnügen, lacht – ist rundherum fröhlich.

Schmusen Sie auch mal vor dem Spiegelbild.
Die größere Aufmerksamkeit gilt allerdings hier immer dem Spiegelbild!

Ausblicke auf das zweite Lebensjahr

Mit dem ersten Geburtstag sind die Spiele mit den Augen natürlich nicht vom Programm. Vieles macht dem Einjährigen noch weiter viel Spaß. Und alles wird weiter verfeinert, das Ballspiel, das Versteckspiel...

Außerdem: Bei allem, was das Kind im folgenden Jahr tut, kommt es auf die Hilfe der Augen an, beim Bauen, beim Malen, beim Bilderbücher-Anschauen.

Was können Sie tun, wenn Ihr Kind schlecht oder gar nicht sehen kann? Muß es dann auf alle diese wunderbaren Erlebnisse verzichten? Niemand kann leugnen, daß schwachsichtigen oder blinden Kindern viel von dem verlorengeht, was wir beschrieben haben. Aber mit Liebe und Geduld finden Sie Wege, auf denen das Kind ebenso schöne Spiele auf seine Art machen kann und sogar lernt, mit sehenden bzw. besser sehenden Kindern gleichberechtigt umzugehen. Dafür geben wir Ihnen im letzten Abschnitt dieses Buches Anregungen.

Lennard stutzt. Eine Mutter mit Baby – aber wenn man das anfaßt, ist das glatt und kalt ...

Das Staunen ist groß: Da ist ja die Mutti zu sehen – mit Kind. Ein tolles Spiel – das Kind macht alles mit, was Lennard selbst tut

Wann wird der Junge erkannt haben, daß er sich selbst anschaut?

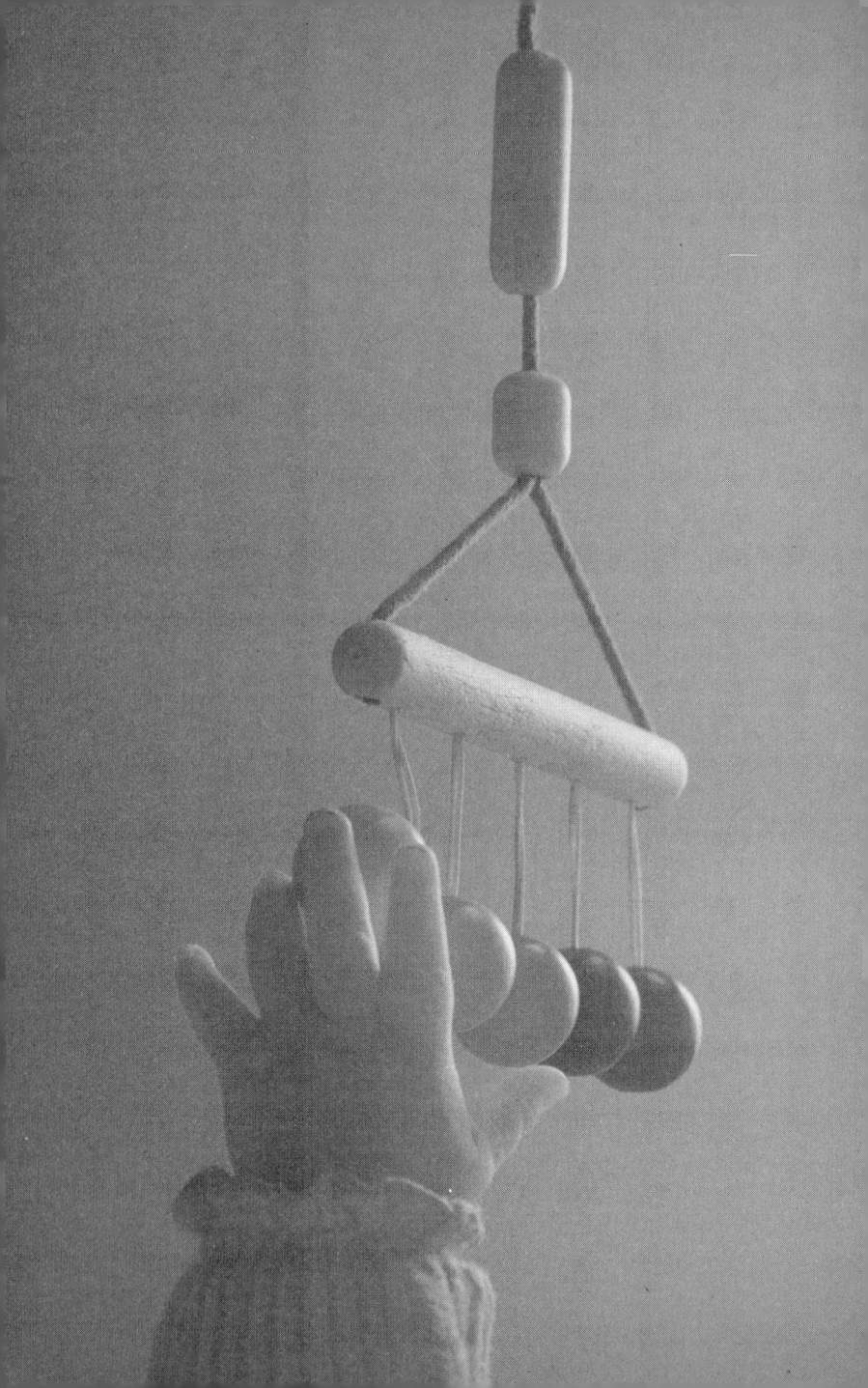

Kapitel 3

Ohne Greifen kein Begreifen

Was für ein Tag, wenn das Baby zum erstenmal ganz selbständig nach einem Spielzeug greift und es auch fest im Griff behält – wenigstens einige Sekunden lang! Da ist ein Riesenschritt getan. Denn nun kann das Kleine alles, was es erreichen kann, genauer betrachten, es abtasten mit der Hand wie mit der Zunge, kann schnuppern, wie es riecht, und kosten, wie es schmeckt. Kurzum: Wer eine Sache ergreifen kann, kann auch begreifen, was das für eine Sache ist. Ist sie warm oder kalt, leicht oder schwer, eckig und kantig oder rund, rauh oder glatt, weich oder hart...? Hat sie einen charakteristischen Geruch oder Geschmack? Für viele Jahre wird nun gelten: Nur wer eine Sache mal «im Griff» hatte, hat auch einen Begriff von ihr.

Es beginnt mit dem Greifreflex

Der Tastsinn erwacht früh. Schon Ende des zweiten Schwangerschaftsmonats ist die Körperoberfläche druck- und berührungsempfindlich. Und Ende des sechsten Monats bildet die Hand ihre besondere Sensibilität aus.

Das Neugeborene zeigt den Ärzten bei ihrer ersten Untersuchung zum Beispiel mit dem sogenannten Greifreflex, ob es sich gesund entwickelt hat. Sie können ihn auch selbst mal hervorrufen: Berühren Sie mit einem Finger die Handinnenfläche des Säuglings. Seine winzigen Finger schließen sich zur Faust und Ihren Finger ein. Das bewerkstelligt das Baby natürlich noch nicht bewußt, sondern sozusagen automatisch. Es ist eben ein Reflex.

Wenn das Kind im ersten Vierteljahr seine Hände betrachtet, weiß es noch gar nicht, daß das seine Hände sind. Es bestaunt sie, wenn sie wieder in sein Blickfeld geraten – weil es sie selbst angehoben hat –, steckt sie in den Mund und empfindet das Lutschen auf ihnen zunächst kaum anders als das Nuckeln am Schnuller. Allerdings: Stecken die Finger im Mund, so hat das Kleine gleichzeitig an zwei Stellen Berührungsempfindungen, im Mund und an den Fingern. Nur bringt es beides zunächst noch nicht in eine Beziehung. Erst allmählich merkt es, daß beide zusammenhängen und daß es sich beide selbst verschafft. So führen erste Tasterlebnisse auch schon zu Körpergefühl und Selbstbewußtsein.

Und dann kommt das zauberhafte Spiel mit den eigenen winzigen Händen

Das Greifen selbst wird etwa ab dem zweitem Lebensmonat vorbereitet. Da beginnt das Baby, die anfangs geballte Faust zu lockern. Im dritten Lebensmonat kann es dann Dinge, die man ihm in die Hand legt, in der Hand halten, einen Beißring etwa oder eine Rassel. Dann bewegt es mit dem Spielzeug seine Arme. Es freut sich an dem, was es da hat. Aber es ist vor allem von Klang und Farbe fasziniert, noch kaum von seinem Greifen. Das beginnt dann erst im zweiten Vierteljahr.

Handarbeiten für das zweite Vierteljahr

Etwa im vierten Lebensmonat entdeckt das Kind ein Spiel, für das es weder Vater noch Mutter braucht: Es ist nun nämlich in der Lage, beide Hände bis etwa zur Körpermitte zu führen. Irgendwann – zuerst sicher zufällig – bringt es beide Hände zusammen. Und nun beginnt das zauberhafte Spiel mit den winzigen Händen, an dem sich das Kind erstaunlich lange vergnügt allein beschäftigen kann, das auch uns Erwachsene immer aufs neue fasziniert.

Nun bringt das Kleine auch alles, was es in der

Hand hält, in den Mund, lutscht und nuckelt, saugt und tastet es mit der Zunge ab. So was wie ein erster Forschungsdrang erwacht. Mit immer neuen Sachen können Sie ihm helfen, ihn zu befriedigen.

● Geben Sie ihm Spielzeug aus unterschiedlichem Material in die Hand, eine warme, weiche Schmusepuppe ebenso wie einen harten Greifring aus Holz, eine glatte, kühle Kunststoffrassel ebenso wie einen Beißring mit mehreren Mulden.

● Legen Sie ihm Spielzeug bereit, an dem es Teile bewegen kann, zum Beispiel das Rassel-Auto von Chicco, an dem sich die Räder drehen lassen, oder die DUPLO-Rassel, in der sich eine Kugel in Schwung bringen läßt.

● Lassen Sie das Kleine auch beim Baden spielen. Wenn es seinen glatten, aber trockenen Goldfisch unter Wasser bringt, ist er plötzlich naß.

Gegen Ende des ersten Halbjahres werden Sie plötzlich entdecken: Ihr Kind kann ein Spielzeug von einer Hand in die andere wechseln.

58 Wagenkette. Die einfachste ist schnell gezaubert: Hängen Sie an ein Band ein paar Spielzeuge, eine Rassel vielleicht, ein paar selbstgemachte Püppchen... Schön ist auch, wenn ein paar Teelöffel vor dem Kind aufgehängt sind, die es aneinanderschlagen kann, daß sie klingen. Oder Sie basteln mit etwas mehr Aufwand eine hübsche Kugelkette. Dazu besorgen Sie sich die größten Holzperlen, die Sie im Bastelgeschäft bekommen, malen sie an, lackieren sie und fädeln sie auf ein Band, das Sie dann über den Wagen spannen. Für die Herstellung finden Sie alle wichtigen Hinweise schon auf den Seiten 26 ff.

Natürlich gibt es auch eine reiche Auswahl an Wagenketten zu kaufen. Denken Sie dabei bitte an die richtigen Babyfarben. Schön ist es, wenn Sie sich dann für solche entscheiden, an denen kleine schlichte Holzspielzeuge hängen. Das ist zum Beispiel bei «Ringelreihe» von Schaaf der Fall, wo sich kleine Holzpüppchen die Hände halten, oder bei «Schäfer mit Schafen» von Sevi.

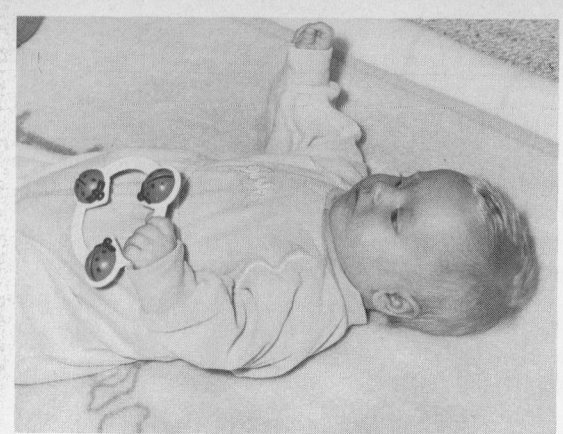

Zum Greifen braucht das Kind unterschiedliches Material. Hier hat es eine flache Kunststoff-Rassel

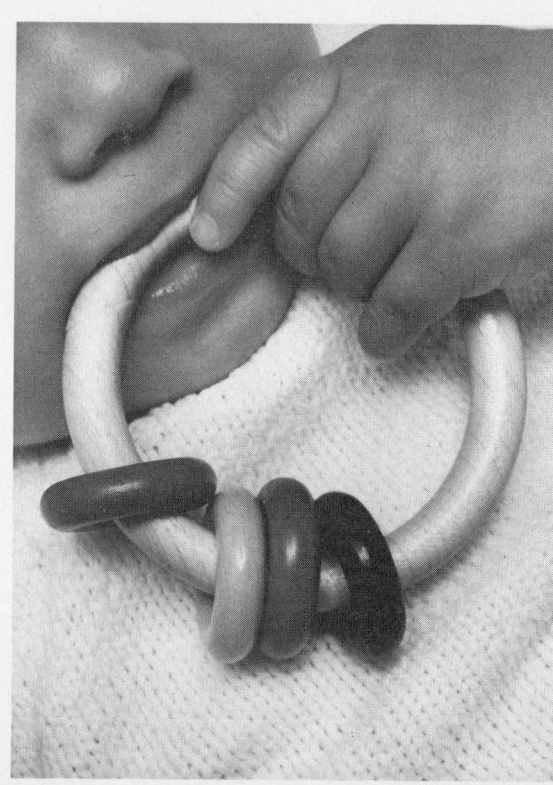

Dieser Greifring ist aus Holz. Die kleine Hand spürt mehr Festigkeit als beim Kunststoff

Auch an der Wand des Bettes können einmal Spielzeuge befestigt sein, aber solche, an denen das Kleine schon etwas in Bewegung setzen kann, das «Schaukelvögelchen» von Matchbox zum Beispiel, das auch noch Musik macht, wenn es sich bewegt, oder die Windrad-Rassel von Chicco.

59 Windmühle. Sie können aber auch selbst eine Windmühle falten und für diesen Zweck nur das Mühlrad an der Bettwand befestigen. Sie erinnern sich noch, wie das gemacht wird? Nicht? Es ist ganz einfach.

Die Windmühle mit Haltestab könnten Sie auch am Wagen anbringen, und zwar so, daß der Fahrtwind sie antreibt. Das Kind freut sich bestimmt dran.

Zu allen Spielzeugen, mit denen das Kind nun allein umgehen kann, ist zu sagen:

● Keins darf kleiner sein als der Babymund, damit es das nie ganz in den Mund schieben, die Luftröhre damit verschließen und daran ersticken kann!

● Das Material, die Farbe und der Lack dürfen keine (oder nur ganz minimale Spuren) Schadstoffe enthalten, die das Kind allzu leicht beim Lutschen aufnehmen könnte. Für alle Spielzeuge, die wir in diesem Buch empfehlen, trifft das zu. Für Sachen, die Sie selber basteln, beachten Sie bitte unsere Empfehlungen im Anhang.

● Holz darf nicht splittern, Kunststoff nicht brechen, damit sich das Kind nicht an Splittern oder Bruchkanten verletzt.

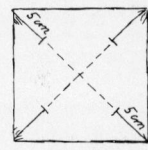

Falls Sie es vergessen haben sollten: So entsteht eine einfache Windmühle

Griffiges für das dritte Vierteljahr

Jetzt kommen Spielereien auf, bei denen schon feinere Bewegungen nötig sind. Denn nun lernt das Kind erst, richtig zuzugreifen. Dabei langt es zielsicher zu, umschließt den Gegenstand mit der ganzen Hand. Es kann bald auch mit beiden Händen gleichzeitig zwei Dinge erfassen. Es kann das Spielzeug eine Weile halten. Es kann es in den

Händen drehen und wenden und es so von allen Seiten betrachten. Daraus ergeben sich neue Spiele:

60 **Holzbausteine.** Holzbausteine gehören zum reizvollsten Spielzeug dieser Zeit, vor allem wenn sie bunt sind. Denn sie sind klein genug, von der ganzen Hand umschlossen zu werden, müssen allerdings auch größer sein als der Babymund. Das Kind kann einen Stein von einer Hand schon in die andere geben, einen auf den Boden werfen, ihn drehen und wenden, an ihm nuckeln...

61 **Knöpfe drücken.** Die Finger können nun auf Knöpfe drücken. Eine tolle Entdeckung! Denn ein Knopfdruck kann eine Menge unterschiedlichster Folgen haben: Es kann klingeln, das Licht leuchtet auf, das Licht erlischt, der Fahrstuhl fährt los...

62 **Schieben & Drehen.** Das Kind kann etwas hin- und herschieben, ein einfaches Auto vielleicht, es kann an einer Wählscheibe drehen... Für alle diese neuen Fertigkeiten ist ein besonderes Spielzeug entwickelt worden, auf das Sie nicht verzichten sollten. Es hat ganz unterschiedliche Namen, bietet aber immer auf einer Platte, die auch als Teddy oder Haus geformt sein kann, viele Möglichkeiten, die Finger auszuprobieren, man könnte auch sagen: zu trainieren.

Besonders reizvoll sind da: der «Spielbär Teddy» von Matchbox, das DUPLO Spiel- und Lern-Bauset (hier ist jede Funktion auf einem Bau-Element angebracht, das das Kind später in alle seine DUPLO- oder Lego-Bauwerke einfügen kann), das Spiel- und Musik-Center von Fisher Price, das zugleich Spieluhr ist, das «Turncenter mit Spieluhr» von Schildkröt/Schmidt und der «Baby-Trainer» von Schildkröt. Nun beherrscht die Babyhand schon alle wichtigen Handgriffe, die nur noch weiter verfeinert werden müssen.

Auch ein Baustein ist zunächst ein Gegenstand, den man nach allen Regeln der Baby-Kunst untersuchen muß. Auch er kommt in den Mund!

Das Kleine schaut den Bauklotz an, vergleicht ihn schon mit den anderen – eine interessante Sache!

Hier schiebt Johannes die Klötze schon zusammen – ein erstes Bauspiel!

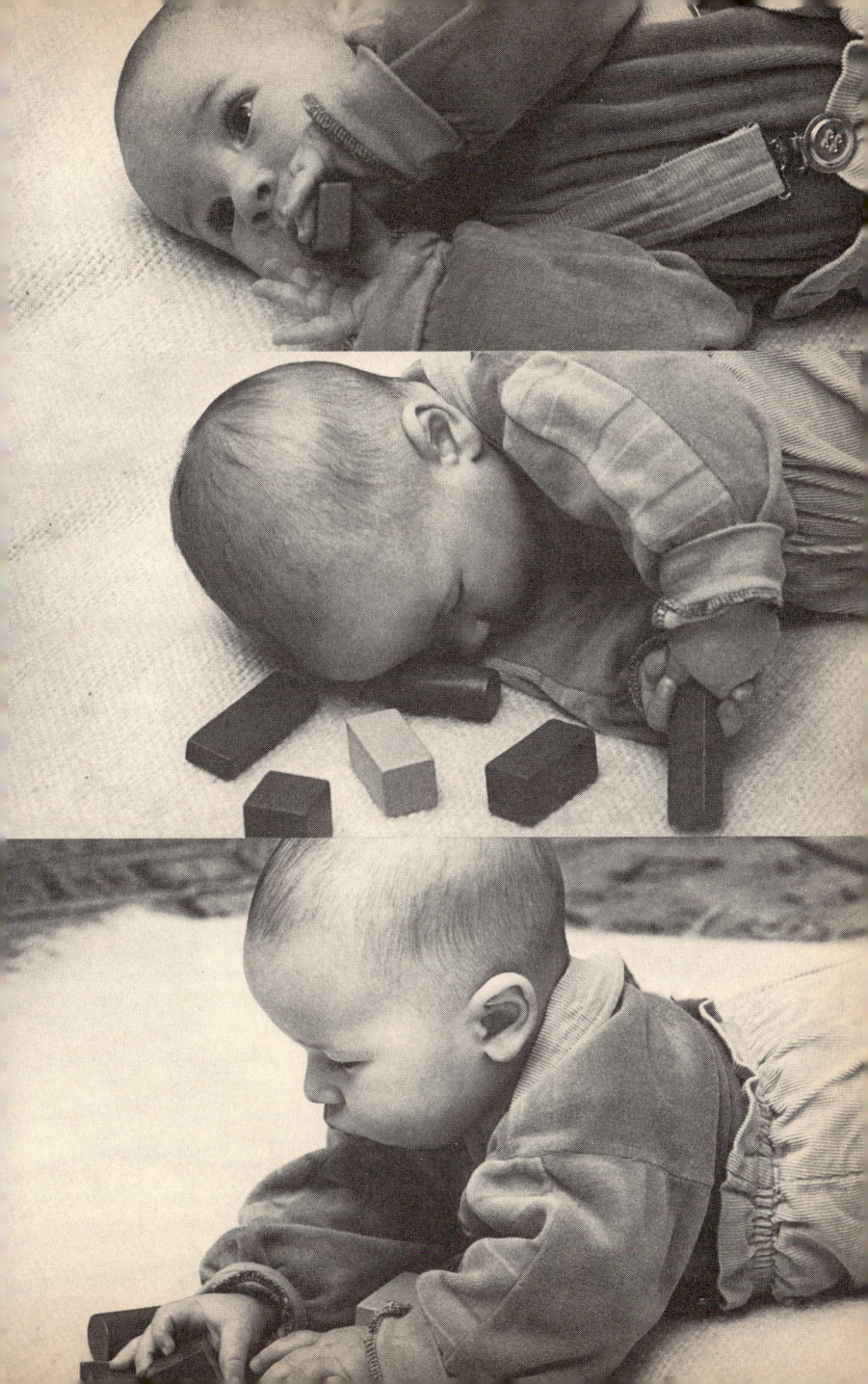

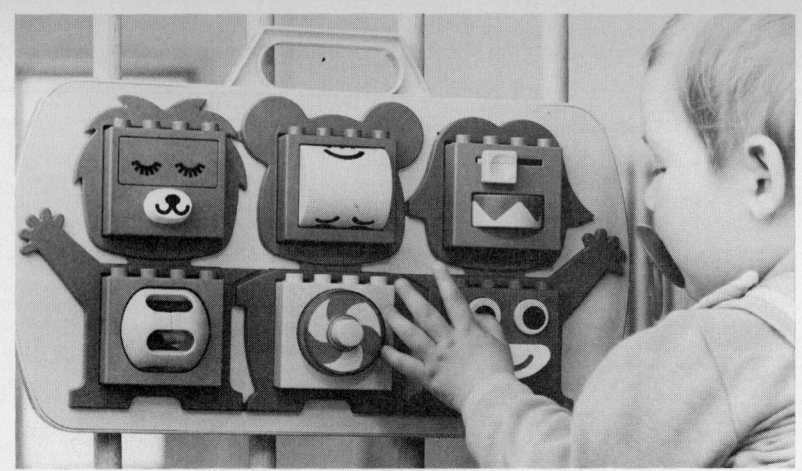

Ein Spiel- und Bau-Set, das schon Babys Freude macht, weil sie drehen, schieben, läuten und vieles mehr tun können. Ein Pluspunkt mehr: Später kann man die DUPLO-Steine sogar noch in Lego-Burgen einbauen!

Handgriffe im letzten Viertel des ersten Jahres

Hat das Kind bisher beim Greifen noch mit der ganzen Hand zugepackt, so bekommt es nun mehr Fingerfertigkeit. Plötzlich kann es auch kleine Dinge aufnehmen – zwischen Daumen und Zeigefinger, die es aber erst mal noch ganz gestreckt hält –, im «Pinzettengriff». Und im elften Monat etwa entwickelt es daraus dann den «Zangengriff», bei dem es Daumen und Zeigefinger etwas beugt.

Auch dadurch entdeckt es neue Spiele:

63 Einsammeln. Kleine Dinge ergreifen und über einer Schachtel loslassen! Das ist doch zweifellos ein erster erfolgreicher Einsammel-Versuch. Großartig! Alles wird nun eingesammelt: Knöpfe, Kieselsteine, Perlen... Das darf das Kleine auch versuchen, in Flaschen mit breiten Hälsen zu bugsieren. Solche Dinge darf das Kind aber nur dann erreichen, wenn es auf Ihrem Schoß sitzt. Denn nur bei großer Aufmerksamkeit können Sie verhindern, daß derlei im Mund, im Ohr oder in der Nase verschwindet. Ist das Kind allein, kann es Apfelstückchen, Rosinen oder Kuchenkrümel einsammeln. Das ist ungefährlich.

64 Fahrzeuge beladen. Bauklötze auf Last-
wagen, Schiffe oder Eisenbahnwaggons laden ist
eine wunderbare Beschäftigung. Man kann die
Fahrzeuge dann beim Krabbeln fortschieben.

65 Helfen. Nun möchte das Kleine oft unbedingt helfen: den Brief in den Schlitz des Briefka-
stens werfen, Münzen auf das Zahlbrett legen oder
in einen Automatenspalt stecken, eine Tüte aus
einem Karton ziehen. Die Arbeit dauert zweifellos
etwas länger, aber wenn Sie mal nicht besonders
eilig sind, könnte derlei eben gleichzeitig ein hinreißendes Spiel sein.

66 Erstes Bauen. Bauklötze nebeneinander zur
Mauer bauen. Das bringt ein Krabbelkind oft
schon fertig. Manchmal kann es sogar schon zwei
Steine aufeinander schichten. Der erste Schritt
zum Turmbau ist getan.

67 Brummkreisel. Das Kleine kann nun den
Hampelmann hampeln lassen und Autos, Nach-
ziehtiere und anderes an einer Schnur heranziehen. Es kann speziell geformte Steine (Kugel,
Würfel, Quader, Pyramide...) in die dafür ge-
eigneten Löcher in einer Formbox stecken. Es
kann schon gut im Bilderbuch blättern. Und: Das
ist für viele der Gipfel des Glücks, es kann einen
Brummkreisel in Bewegung setzen.

Vorgriff auf das zweite Jahr

Damit sind die wichtigsten Spiele für das nächste
Jahr bereits vorhanden: mit Fahrzeugen spielen,
bauen, malen, Bilderbücher begucken. Davon
handelt der nächste Abschnitt.

*Mit «Pinzettengriff» und
«Zangengriff» entwickeln
sich neue Spiele*

Kapitel 4

Schnupperspiele und Geschmacksachen

Manchem «stinkt» so manches, und er kann manch einen «nicht riechen», er «wittert» bei ihm ständig üble Machenschaften. Denn der «steckt seine Nase» stets in anderer Leute Sachen, in der Hoffnung, «die Nase vorn» zu haben.

Schon die Alltagsprache verrät uns, daß Riechen auch mit unserem Gemütszustand zu tun hat.

Unser Geruchssinn ist allerdings nicht so gut entwickelt wie der anderer Säugetiere. Wir haben nicht den «Riecher» für ein ungebratenes Steak, das hundert Meter entfernt liegt, wir erschnuppern auch nicht die Katze, die sich im Gras versteckt hat – wie der Hund. Aber immerhin: Auch der Mensch kann bis zu 4000 Gerüche auseinanderhalten. Und das ist ja auch schon was.

Die Gerüche nehmen wir mit dem sogenannten Riechepithel wahr, das sich im oberen Teil der Nasenhöhle befindet, wo auf etwa fünf Quadratzentimetern die Geruchszellen angeordnet sind. Riechen können wir übrigens nur Stoffe, die wasser- oder fettlöslich sind, sich also in der Schleimhaut lösen und dort die entsprechenden chemischen Reaktionen hervorrufen. Die Reize werden zur Großhirnrinde geleitet, wo die eigentliche bewußte Wahrnehmung entsteht.

Am besten riechen wir, wenn die Luft schnell in die Nase steigt. Darum schnuppern wir, was ja bedeutet: Wir ziehen die Luft ruckartig in die Nase. Wenn wir «Holz» riechen, steigt uns in Wirklich-

Unser «Riecher» ist zwar nicht übermäßig gut entwickelt, aber immerhin können wir bis zu 4000 Gerüche auseinanderhalten

keit Harz in die Nase. Und Metall riecht für uns nicht.

Der Geruch hat bei uns viel mit Empfindungen zu tun. Ein Prüfer riecht die Angst (Schweiß) des Kandidaten. Winzige Dosen Schweißgeruch wirken erotisierend, höhere Dosen abstoßend...

Bei werdenden Menschen im Mutterleib sind erste Ansätze zur Nase – wie der Augen und der Lippen – bereits am Ende des zweiten Monats nach der Befruchtung zu erkennen. Auch das Riechepithel ist zu diesem Zeitpunkt bereits differenziert. Der Geruchssinn reift dann in der Zeit zwischen dem sechsten und dem achten Lebensmonat heran.

Neugeborene finden die mütterliche Brustwarze auch mit der Nase

Ob ein Ungeborenes schon riechen kann – die Experten streiten sich. Aber wie wäre es zu erklären, daß sie unmittelbar nach der Geburt die mütterliche Brustwarze auch mit der Nase finden, wenn ihnen nicht aus der Zeit vor der Geburt der Geruch der Mutter vertraut wäre?

Zwei Tage alte Babys kennen den mütterlichen Geruch schon sicher aus anderen heraus. Der französische Kinderarzt Benoit Shall hat festgestellt, daß sehr unruhige Babys zur Ruhe kamen, wenn man ihnen ein Wolltuch der Mutter vor die Nase hielt, während sie Tücher anderer Frauen energisch abwehrten. Mütter können sich solche Erkenntnisse zunutze machen: Ist Ihr Neugeborenes tagsüber sehr unruhig, legen Sie es doch mal eine Weile in Ihr Bett! Meist beruhigt es sich schnell und schläft bald ein.

Der eigene Geruch macht den besonderen Reiz beim Schmusetuch aus

Später mögen Kinder auch ihren eigenen Geruch besonders. Das vor allem ist es, was den Reiz des meist vielgeliebten Schmusetuches ausmacht. Eine besondere Mullwindel, die Zipfelmütze der Schmusepuppe, eine Kissenecke – alles, was sich leicht in den Mund schieben läßt, kann zum «Schmusetuch» werden. Denken Sie daran, bevor Sie das gute Stück in die Waschmaschine stecken. Nach der Wäsche muß sich der eigene Duft darin ja erst wieder ansammeln. Vielleicht hat inzwischen aber auch schon etwas anderes diese Funktion übernommen.

Benutzen Sie ein Parfum oder ein besonderes Rasierwasser? Warum träufeln Sie nicht einmal ein paar Tropfen auf ein besonderes Tuch, das «Mutti-Tuch» oder das «Vati-Tuch», das es dann zum Trost gibt, wenn Sie weggehen?

Sollen Gerüche die Spielwelt Ihres Kindes bereichern, bringen Sie mehr Düfte ins Spiel:

Vom Badeschaum bis zu den Weihnachtsdüften

68 Badeschaum. Benutzen Sie gelegentlich einen wohlriechenden Badeschaum. Das findet das Kleine herrlich. Man kann Badeschaum-Burgen bauen und sich Badeschaum-Bärte ins Gesicht kleben. Erschrecken Sie nicht, wenn Ihr Nachwuchs nicht nur «planmäßig» am Schaum schnuppert, sondern gleich eine ganze Portion in den Mund schiebt. Erfreulicherweise haben Baby-Badezusätze heute keine Schadstoffe mehr (jedenfalls nicht in schädlichen Dosen), so daß Sie dabei nichts zu befürchten haben.

69 Duftpüppchen. Nähen Sie Ihrem Nachwuchs doch ein Duftpüppchen. Aus einem Stoffrest nähen Sie zwei Schläuche, beide mit einem Durchmesser von zwei bis drei Zentimetern, den einen 16 cm lang, den anderen 22 cm lang. Nähen Sie beide in ihren Mittelpunkten zusammen. Genau an diesen Punkt bringen Sie als Kopf eine Holzperle an. Augen, Nase, Mund und Haare werden aufgemalt. Stopfen Sie die Schläuche voll mit wohlriechenden Dingen, mit Lavendelblütenblättern zum Beispiel oder mit Rosenblütenblättern, mit Watte, die mit Gewürznelken oder mit Stükken von Vanillestangen gespickt ist ... Sie können auch verschiedene Püppchen mit unterschiedlichem Aroma herstellen. Wie die Duftpüppchen in diesem einfachsten Schnitt dann unbekleidet ausschauen, sehen Sie rechts!

Nähen Sie die Schläuche noch zu und vielleicht

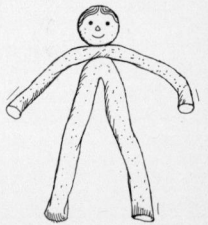

Die «Haut» des Duftpüppchens ist auch von unbegabten Nähern schnell hergestellt. Sie werden selbst Spaß daran haben, die «Hülle» mit duftenden Kräutern zu füllen

73

auch Hände und Füße ab. Wenn Sie mögen, bekleiden Sie sie nun noch.

70 Kräuterkissen. Gerüche standen auch schon auf Uromas Gesundheitsprogramm. Warum nicht mal darauf zurückgreifen? Heiß aufgelegte Kamillenkissen bringen Erleichterung bei Hals-, Zahn- und Bronchialerkrankungen. Bei Schlafstörungen werden Lavendelkissen eingesetzt.

Die Düfte aus dem Kräuterkissen können einen sanften Schlummer vorbereiten helfen

Das Benedikt-Kräuterlabor (Postfach 1113, 8300 Landshut) bietet einen Kräuterkuschel an, einen leuchtenden Marienkäfer mit sieben verschiedenen Kräutern im Bauch. Die Düfte beruhigen und bereiten einen sanften Schlummer vor. Da stecken nämlich Melisse, Hopfen, Rosmarin, Waldmeister, Lavendelblüten, Honigklee und Kamille drin (23,– DM).

71 Blütendüfte. Wenn Sie im Frühling und im Sommer spazierenfahren, stoppen Sie den Kinderwagen doch mal unter einem Rosenbusch, unter einem Jasminstrauch oder unter Rhododendronblüten! Ziehen Sie den Duft in die Nase! Drücken Sie Ihren Genuß deutlich aus. Das Kind wird Sie nachahmen und den neuen Duft registrieren.

72 Autoabgase. Kinder lieben Autos. Darum nehmen sie die Abgase nicht unangenehm auf. Schnuppern Sie auch hier, erklären Sie ruhig, daß das Abgas stinkt. Fliehen Sie, wann immer das möglich ist, ausdrücklich vor dem Gestank.

73 Weihnachtsdüfte. Zu Weihnachten ziehen fast überall besonders schöne Düfte durchs Haus. Schön riechen Apfelsinen, die mit Gewürznelken gespickt wurden, Bratäpfel, Pfefferkuchen, vor allem wenn er im Hause gebacken wird. Herrlich ist auch der Tannenduft, der die Luft erfüllt, wenn Sie eine Portion Tannennadeln in ein Verdunstungsgefäß geben!

Zwar spielt die Nase bei Babyspielen eher eine Nebenrolle, aber wer sie nicht ganz aus dem Spiel läßt, öffnet Sohn oder Tochter doch auch ganz besondere Genüsse – und rundum mehr Sensibilität.

Ähnlich wie mit dem Geruch ist es auch mit den Geschmacksachen. Wir wissen wenig davon, was kleine Babys schmecken. Sicher, es ist uns bekannt: Die Schmeckzellen befinden sich in den Geschmacksknospen, die sich an der Spitze, an den Rändern und am Grunde der Zunge verteilen. Sie registrieren vier Geschmacksrichtungen: salzig – süß – bitter und sauer. Durch sehr unterschiedliche Kombinationen ergibt sich daraus der konkrete Geschmack.

Die Empfindungen werden über verschiedene Nerven zum Stammhirn und zum Großhirn geleitet, wo sie dann bewußt werden. Der Geschmack ist übrigens auch vom Versorgungsstand des Körpers abhängig. Besteht etwa ein Salzmangel, so empfindet der Mensch als normal gesalzen, was er sonst als versalzen ablehnen würde.

Das Schmecken hat nicht nur etwas mit Genuß zu tun. Es bereitet auch schon die Verdauung vor. Die Empfindungen sind nämlich zugleich Signale für den Organismus, wieviel Verdauungssäfte und in welcher Zusammensetzung er sie bereitstellen muß. Das Schmecken ist also auch eine erste Voraussetzung für die gute Verdauung.

Babynahrung soll nicht zu süß und nicht zu salzig sein

Schmecken und Würzen

Ob Babys schon schmecken können – darüber weiß man sehr wenig. Versuche allerdings legen die Vermutung nahe, daß sie es können. Das Baby hört auf zu saugen, wenn man der Muttermilch eine Salzlösung zuführt. Und: Ein Tröpfchen Zuckerwasser als Belohnung ist ein Anreiz, zwei verschiedene Töne auseinanderzuhalten.

Wenn der Geschmack schon so früh zu beeinflussen ist, dann am ehesten durch bestimmte Eßgewohnheiten. Darum wird Eltern ja auch empfohlen, Kindernahrung nicht zu stark zu salzen

**Wenn Jenifer etwas beson-
ders gut schmeckt...**

**...leckt sie sich alle zehn
Finger danach**

oder zu süßen. Gewöhnt sich ein Kind an zurück-
haltend gewürzte Speisen, so wird es dann später
wahrscheinlich auch eher auf das den Blutdruck
erhöhende starke Salzen wie auf zuviel Süßig-
keiten verzichten können, die den Zähnen schaden.

Es ist gut, bestimmte Geschmacksrichtungen
mit bestimmten Speisen in Verbindung zu bringen.
Am Ende des ersten Lebensjahres darf das Kind
gern schon an einem geschälten ganzen Apfel her-
umknabbern, statt immer nur Apfelsaft zu trinken. Es bringt den Apfelgeschmack dann mit dem
Apfel in Verbindung. Außerdem bekommt es so
auch mehr wichtige Faserstoffe.

Vorgeschmack auf das zweite Lebensjahr

Allmählich erkennt das Kind schon viele Speisen am Geschmack. Und es kann viele verschiedene Gerüche unterscheiden. Es schnuppert von selbst an allen Blüten, die es zu fassen bekommt, und hat auch Spaß daran, Majoran und Thymian, Vanille und Zimt auseinanderzukennen, Rosen, Maiglöckchen und Waldmeister am Duft zu unterscheiden. Versuchen Sie doch mal, wann es am Duft erkennt, was es zu Mittag gibt oder wann Sie Kuchen gebacken haben. Das Kind braucht nur ab und an mal einen Anstoß, dann macht ihm das Schnuppern Spaß.

Aber gerade wenn Ihr Kind Freude daran hat, alles zu riechen und zu kosten, ist es wichtig, daß Sie alles, was ihm schaden könnte, wenn es davon probiert, außer Reichweite räumen, Medikamente und Reinigungsmittel, Kosmetika und ähnliche Produkte. Natürlich darf es auch mal am Rasierwasser oder am Parfum schnuppern, aber nur, wenn Sie das Fläschchen in der Hand halten.

Auch Riechen und Schmecken sind wichtig für die Entwicklung von Sensibilität, aber nichts ist wichtiger als die Sicherheit Ihres Kindes.

Allmählich schnuppern die Kleinen verschiedenste Gerüche: Vanille und Zimt, Rosen und Waldmeister...

Kapitel 5

Spiele von Kopf bis Fuß

Niemand demonstriert perfekter als ein Baby, wie Körper, Geist und Gefühl zusammenwirken. Wer sein Kind in seinen ersten Lebensmonaten einfühlsam beobachtet, erkennt, daß die körperliche Entwicklung eine wichtige Voraussetzung für die geistige Entfaltung ist.

Hat ein Kind zu sitzen gelernt, beweist es damit nicht nur Muskelkraft und Körperbeherrschung, das Sitzen erweitert zugleich seinen Gesichtskreis. Besonders aber durch das Krabbeln werden neue Erfahrungen möglich. Ein Kind beginnt, mit größter Anstrengung dann vorwärtszukommen, wenn es etwas haben möchte, was es zunächst nicht erreichen kann. Ich will das! – Das ist der Impuls, der es dorthin treibt.

Schon lange bevor ein Mensch zu sprechen lernt, kann er durch Gesten Gefühle und Wünsche, Abneigung und Angst ausdrücken. Das Kleine strampelt vor Vergnügen, wenn sich Mutter oder Vater mit der Flasche nähert. Es langt mit den Armen danach, wenn es etwas haben möchte. Und es bringt Arme und Beine in deutliche Abwehrposition, wenn es etwas fürchtet, so als könnte es das wegdrücken. Es lernt früh, in die Hände zu klatschen, zum Abschied zu winken oder ein Kußhändchen zu werfen ... In den ersten Monaten begnügt es sich mit der eigenen Freude über neue Erfolge. Doch irgendwann fallen ihm die Reaktionen der Erwachsenen auf, und es wird von ihnen beeinflußt.

Die Eltern erleben zum Beispiel zum erstenmal, wie ihr Sprößling zu seinem Schmusetier robbt.

Das löst bei ihnen Staunen und Entzücken aus. Der kleine Schauspieler genießt den Applaus und ist nun viel eher bereit, seine Vorführung bald einmal zu wiederholen.

Wiegen, schaukeln und reiten

Überall in der Welt nehmen Väter und Mütter ihr Kind hoch, wenn es weint. Sie gehen mit ihm hin und her oder lassen es auf dem Arm hopsen. Fast alle tun das instinktiv, also ohne groß nachzudenken. Und sie werden oft bestätigt: Das Kleine beruhigt sich. Das bewirkt sicher nicht allein die elterliche Nähe. Die rhythmische Bewegung trägt entscheidend zu dieser Beruhigung bei.

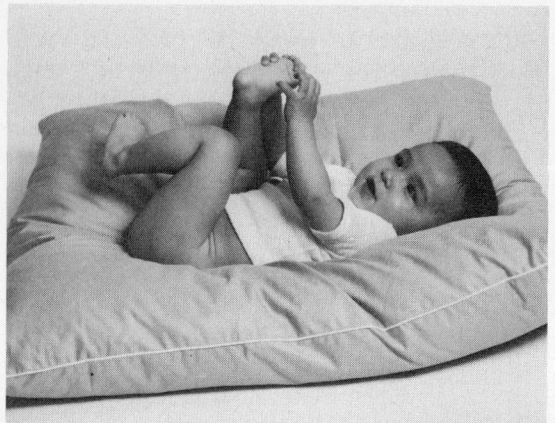

Ausdauernd spielen Babys mit dem eigenen Körper. Was für ein Vergnügen, mit den Händen die Zehen zu erreichen!

Rhythmische Bewegungen regen das Sinnesorgan an, das für die Orientierung im Raum zuständig ist und für das Gleichgewicht. Die Experten nennen es das Vestibularsystem, im allgemeinen wird es Gleichgewichtsorgan genannt, sozusagen unser sechster Sinn.

Als gesichert gilt: Das Gleichgewichtszentrum gehört zu den Gehirnteilen, die am frühesten entwickelt sind. Das Ungeborene kann schon zu Beginn des zweiten Schwangerschaftsdrittels rhythmische Bewegungen der Mutter genießen.

Wie Berührung und Schmerz, Wärme und Kälte, gehören auch Richtungs- und Gleichgewichtsgefühl zum Körpergefühl. Mehr noch: Gerade da werden Gefühle erzeugt, die anderswo kaum zu erfahren sind.

Ein Kind wird hochgeworfen. Es kriegt Fall-Angst, sucht nach Halt, dann wird es aufgefangen, gerettet – und genießt die Geborgenheit durch eben diese Rettung besonders intensiv.

Fall-Angst und Fang-Glück werden beim Hoch-Werfen intensiv erlebt

Auch das Wiegen bringt das Neugeborene bereits aus dem Gleichgewicht, stört die Orientierung. Aber schnell weiß es, daß es sich da ganz in Sicherheit wiegen kann. Nichts könnte es behutsamer vom Wachen zum Schlafen bringen als ein Schlaflied und ein zärtlicher Händedruck, der von sanftem Wiegen begleitet wird.

74 Schaukeln. Sobald ein Kind auf dem Schoß sitzen kann, können Sie sich mit ihm auf eine Brettschaukel setzen und sachte mit ihm schaukeln.

75 Wippen. Sitzen oder liegen größere Babys – etwa ab neun Monaten – auf einem Wipper, können die Eltern oft beobachten, wie sich das Kleine müht, sich auf diesem selbst in Pendelbewegungen zu versetzen. Ein Spiel, bei dem sich ein Kind lange allein vergnügen kann, wenn man es läßt.

76 Flieger. Kinder, die schon laufen können, lieben es, wenn sie zwischen zwei Erwachsenen gehen dürfen, die sie beide anfassen und die sie hochschleudern und weit nach vorn schwingen.

77 Karussell. Solche Kinder sind auch begeistert, wenn man sie unter den Achselhöhlen faßt und im Kreise herumdreht.

78 Fahren. Aus demselben Grund haben es Kinder auch gern, gefahren zu werden, ob anfangs nur im Kinderwagen oder später im Kindersitz auf dem Fahrrad oder im Auto. Am schönsten ist es natürlich, wenn es ordentlich ruckelt und zuckelt!

79 **Kniereiten.** Kaum ein Kind wächst bei uns ohne Kniereiter auf. Bei unserer Umfrage bei jungen Eltern fehlt diese Spielart nur zweimal bei hundert Antworten!

Meist sitzt das Kind auf dem Schoß. Der Erwachsene erzeugt durch Heben und Senken der Knie eine Reitbewegung. Das Kind hopst also. Dann bricht man diese beruhigende rhythmische Bewegung abrupt ab, läßt es nach hintenüber fallen – ohne es loszulassen. Das bringt es aus dem Gleichgewicht. Es kriegt Fall-Angst, es sucht nach Halt. Nach wenigen Momenten wird es hochgenommen, und die rhythmische Bewegung wird fortgesetzt. Es erlebt die «Rettung» mit großer Erleichterung und genießt die Geborgenheit. Wenn das Kind das Spiel kennt, empfindet es hohe Spielspannung, die vielleicht mit dem Bauchkitzel eines Erwachsenen auf der Achterbahn vergleichbar ist.

Es gibt zur rhythmischen Bewegung auch immer einen Vers. Manchmal wird er gesungen, manchmal gesprochen.

Sie finden in allen Sammlungen von Kinderversen weitere Kniereiter-Reime, z. B. in Raimund Poussets «Fingerspiele und andere Kinkerlitzchen» (rororo Nr. 7774). Natürlich kann man nicht nur auf den Knien reiten. Großes Vergnügen macht es den Kindern auch im Huckepack.

80 Diesen Vers fürs **Huckepack-Reiten:**

> Ich reit, ich reite huckepack,
> mein Schimmel ist die Grete,
> ich bin der kleine Postillion
> und blase die Trompete.

Einen neuen Vers, der es Ihnen ermöglicht, wechselweise schnell und gemächlich reiten zu lassen, finden Sie auf den Seiten 83 und 84.

81 Hoppe, hoppe, Reiter

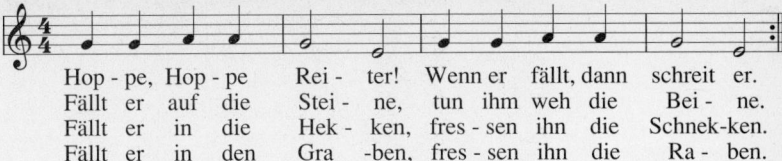

Hop - pe, Hop - pe   Rei - ter! Wenn er   fällt, dann   schreit er.
Fällt er   auf   die   Stei - ne,   tun ihm weh   die   Bei - ne.
Fällt er   in   die   Hek - ken, fres - sen ihn die   Schnek-ken.
Fällt er   in   den   Gra - ben, fres - sen ihn die   Ra - ben.

Fällt er   in den Sumpf,   gibt es   ei - nen Plumps.

Worte und Weise: volkstümlich

82 Schicke, schacke, Reiterpferd

Schik-ke, schak-ke, Rei-ter-pferd!   Pferd ist nicht drei Pfennig wert.

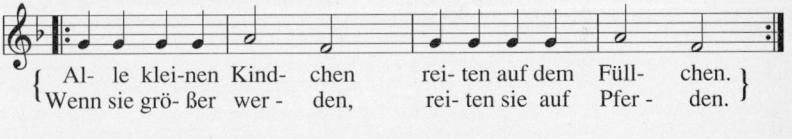

{ Al- le klei-nen Kind- chen   rei- ten auf dem   Füll- chen. }
Wenn sie grö- ßer wer - den,   rei- ten sie auf   Pfer - den.

Geht das Pferd-chen trib, trib, trab,   fällt der klei-ne   Rei- ter ab.

Worte und Weise: volkstümlich

Auf welchem Tier möchtest du reiten?
Wohl auf dem Pferde durch die Weiten?
Flugs im Galopp, im schnellen,
bringt es dich zu den Ställen.

83

Ziehst du vielleicht den Esel vor?
Der trägt dich gemächlich durchs hohe Tor.
Er zwängt sich durch die engen Gassen.
Gutmütig ist er und läßt sich anfassen.

Möchtest du jedoch ein Kamel nehmen?
Versuche ja nicht, es zu zähmen.
Dann wird es wütend, kommt aus dem Tritt
– und du stürzt ab, aus ist der Ritt!

Die «Rettung» wird beim nächsten, ebenfalls
neuen Vers besonders ausgespielt:

Hü! Hott! Ich sage dir was,
Pony zu reiten, das macht Spaß!
Doch halte dich fest, nimm dich in acht!
Sonst fällst du hinunter, eh du's gedacht!
Hallo, hallo, fast ist es geschehen!
Doch ich fing dich auf, denn ich hab es
gesehen.

Beim «Hallo, hallo!» fliegt das Kind in hohem Bogen rückwärts, natürlich ohne daß Sie es loslassen. Bei «Fast ist es geschehen!» holen Sie es wieder hoch und drücken es fest an sich.

83 Zum Schluß noch einen ebenfalls neuen, ganz **sanften Kniereiter-Vers:**

Ich bin heut mal dein Schaukelpferd.
Du sitzt geradaus und ich verkehrt.
So sehen wir uns beide an
und wissen, daß uns nichts geschehen kann.
Hin und her und hin und her.
Ist das nicht schön? Was woll'n wir mehr?

Hier reitet das Kind nicht, Sie wiegen es mehr hin und her. Bei «und wissen, daß uns nichts geschehen kann» legen Sie das Kind ganz sanft ein wenig nach hinten, dann holen Sie es wieder in seine Ausgangsposition.

Die Reiterspiele haben neben dem körperlichen auch noch einen sprachlichen Reiz. Der Wortrhythmus fasziniert das Kind. Es folgt ihm aufmerksam. Wenn es dann im zweiten Lebensjahr zu sprechen beginnt, werden Sie erleben, daß es hier und da beginnt, die Verse mitzusprechen. Es erwirbt also jetzt schon einen reichen passiven Wortschatz, den es später aktivieren kann.

Zärtliche Schmusespiele

Der Mensch hat nicht nur Mund und Hände, um die Eigenschaften von Dingen zu erfassen. Die gesamte Haut besitzt Nervenenden, die Reize der

Berührung, von Schmerz, von Wärme und Kälte, von Nässe und Trockenheit, von ebener Fläche und Unebenheit zum Gehirn weiterleiten. Wem ein fremdes Bett zu hart oder zu weich ist oder wem bei ihm die «richtige Kuhle» fehlte, hat das schon leidvoll erfahren.

Zu Beginn seines Lebens nimmt der Mensch vieles nur ganz hautnah auf. Die Haut ist seine Grenze zur Umwelt. Er spürt das Unbehagen, wenn die Windel naß ist, und das Behagen, wenn er frisch gebadet und trocken auf Mutters oder Vaters nackter Haut liegen darf, wenn er dort Wärme und Weichheit spürt. So eng bei Vater oder Mutter spürt das Kind Sicherheit, Geborgenheit, Zuwendung, Liebe. Und aus solcher Geborgenheit kann es dann auch Risiken eingehen:

● Auf dem Arm von Mutter oder Vater fühlt sich ein drei Monate altes Kind noch sicher, selbst wenn man mit ihm zum erstenmal in ein Schwimmbecken steigt.

● Auf dem Arm kann es aus völliger Dunkelheit auf den Mond und die Sterne, auf helle Fenster und die Straßenlaterne schauen.

● Auf dem Arm fährt es ohne Angst auch zum erstenmal auf der Rolltreppe, im Fahrstuhl oder im Paternoster ...

Beim Schmusen, Streicheln, Küssen empfindet das Kleine Zärtlichkeit, beim Drücken fühlt es sich angenommen, weiß, wo es hingehört, wem es vertrauen darf.

Ein kuscheliges Gefühl hat es aber auch im warmen, weichen Bademantel mit Kapuze nach dem Bad, in einer weichen Decke, auf einem Kuschelfell. Ein wenig davon spürt es auch, wenn es sein Schmusepüppchen oder -tier an sich drückt.

Wenn die Mutter Johannes kitzelt, ist ihr ein Lach-Erfolg immer sicher

Durfte Johannes eine Weile toben, ist erst mal Schmuse-Pause

84 Trostverse.

Besonders viel liebevolle Zuwendung braucht ein Kind, wenn es sich weh getan hat. Drücken, streicheln, über die «böse Stelle» pusten allein helfen manchmal nicht. Aber zusammen mit einem kleinen Trostvers, der von rhythmischer Bewegung unterstützt wird, wird der

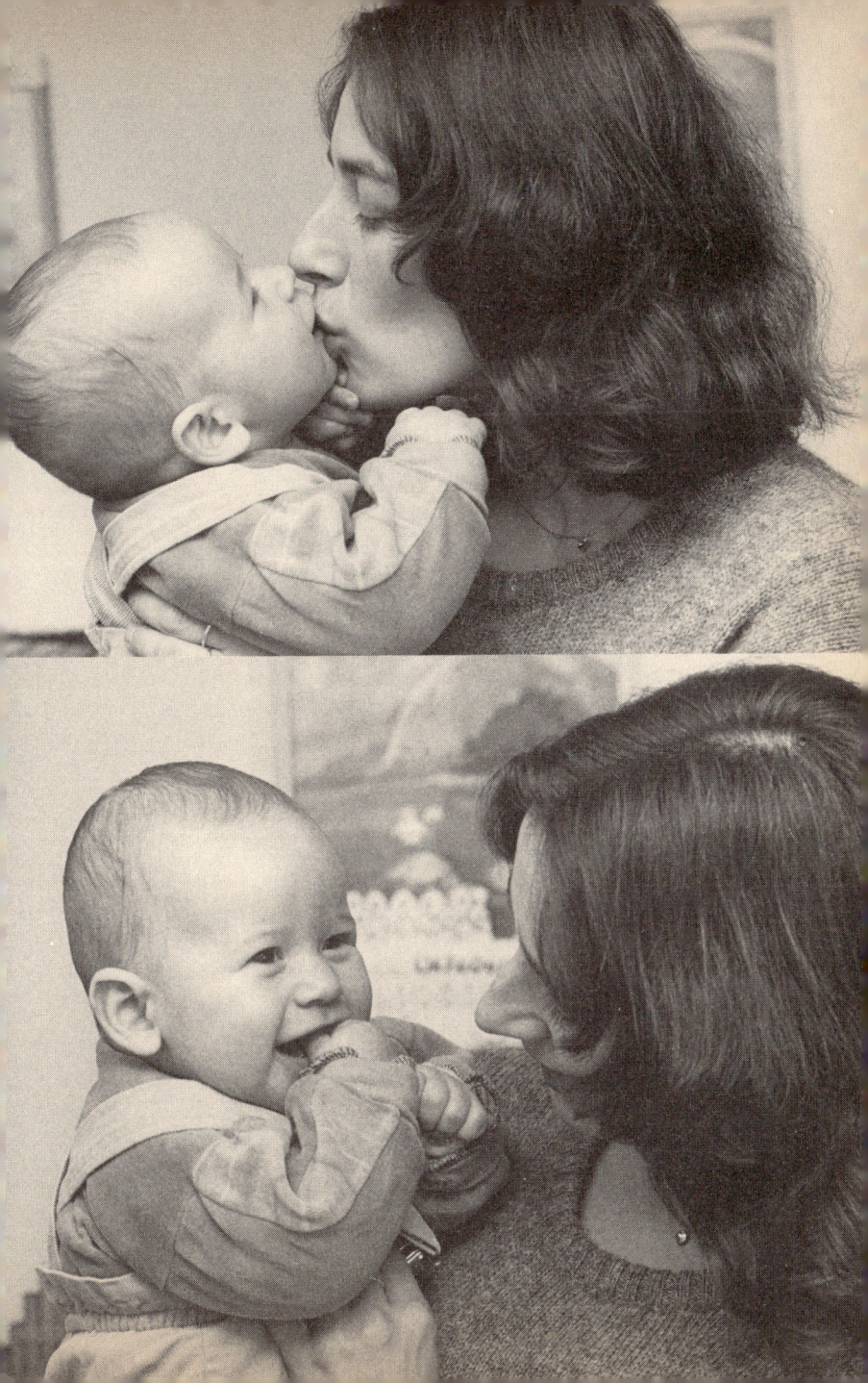

Nah bei der Mutter fühlt sich das Einjährige auch ohne Schwimmflügel sicher und geborgen

Schmerz dann vielleicht doch weggeblasen. Ein paar Trostverse zur Erinnerung:

> Heile, heile Segen,
> sieben Tage Regen,
> sieben Tage Sonnenschein,
> dann wird alles heile sein.

Oder:

> Heile, heile Gänschen,
> das Gänschen hat ein Schwänzchen,
> heile, heile Katzendreck,
> morgen ist alles wieder weg!

Oder:

> Wo tut es weh?
> Hol ein bißchen Schnee,
> hol ein bißchen kühlen Wind,
> dann vergeht es ganz geschwind!

In Berlin pflegte schon Urgroßmutter zu trösten:

> Nu weene ma nich!
> Nu weene ma nich!
> Im Ofen stehn Klöße,
> die siehste bloß nich.

85 Wasserspiele. Kinder sollten nicht nur der Reinlichkeit wegen ins Wasser gesteckt werden, sondern auch, wenn sie sich aalen wollen, wenn sie im Wasser mit Ihnen spielen möchten. Spritzen, aufs Wasser klatschen, sich gegenseitig waschen, Wasser einfüllen und ausgießen, untertauchen, schmusen. Im Wasser zu sein bedeutet gerade Babys einen Genuß. Sie fühlen sich erinnert an ihr «Leben vor dem Leben», als sie im Fruchtwasser geborgen waren, und fühlen sich darum wohl so besonders wohl.

Im Wasser fühlen sich Babys an ihr «Leben vor dem Leben» erinnert

86 Tanzspiele. Viele Kinder bewegen sich selbst gern im Rhythmus der Musik. Besonders groß ist die Freude, wenn sie sich bei Mutter oder Vater auf dem Arm schwungvoll im Tanze drehen können.

87 Im Bett und auf dem Wickeltisch. Ein Kind wird gewickelt, damit es sauber und trocken ist. Aber welche liebevolle Mutter, welcher zärtliche Vater ließe diese Gelegenheit zum Schmusen nur damit vergehen? Streicheln und zärtlich massieren, ein Kuß auf den Bauch und aufs Füßchen, die Nasen aneinanderreiben und engen Blickkontakt suchen...

Am schönsten schmust es sich natürlich im breiten elterlichen Bett, am liebsten mit Vater und Mutter gleichzeitig, am besten wenn beide Zeit und Muße haben, vielleicht am Sonntagmorgen. Da kann dann das Schmusen auch mal in Kitzeln oder Toben übergehen und das Toben dann wieder ins Schmusen.

Gehören solche Erlebnisse zu den frühen Erfahrungen, kann das Kind sein Selbstbewußtsein auf

dem sicheren Fundament von Geborgenheit,
Liebe und Vertrauen aufbauen. Gibt es ein besse-
res Fundament für ein Leben, von dem auch die
Eltern zu diesem Zeitpunkt nicht wissen können,
ob es ein reines Honigschlecken werden wird?

Frühsport auf dem Wickeltisch

Es geht hier nicht darum, aus Ihrem Wickelkind
einen Muskelprotz zu machen. Zwar ist es auch
nicht unwichtig, die Muskeln zu stärken und zu
lockern, aber der Spaß soll die Oberhand behalten. Es ist für ein gesundes Kind Lust und Wonne,
sich in der Nähe von Mutter oder Vater frei zu bewegen.

Aber nie übertreiben! Drei, vier Spiele vor dem
neuen Wickeln, vielleicht einmal am Tag. Das sind
dann Minuten, auf die sich das Kleine schon bald
freut. Es gibt viele Möglichkeiten, zum Beispiel:

88 Die Wiege.   Das Kind liegt auf dem Rücken.
Sie umfassen die Waden oberhalb der Fußgelenke.
Sie legen die gebeugten Beine nach links, dann
nach rechts. Schaffen Sie es, das in gleichmäßigem

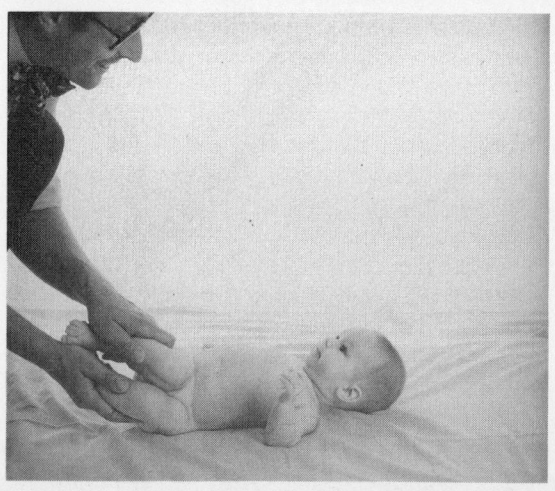

Rhythmus zu tun? Drei- oder viermal auf jede Seite.

89 Rückenschaukel. Das Kind liegt wieder auf dem Rücken. Sie umfassen die Knie des Babys. Sie heben die gestreckten Beine hoch und schieben diese in Richtung Gesicht. Dabei heben sich Po und Lenden vom Wickeltisch. Der Rücken wird rund. Dann ziehen Sie die Beine in ihre Ausgangslage zurück. Möglich ist ein erster kleiner Schreck. Doch bald juchzt das Kleine vor Freude. Außerdem kräftigt das Bauch- und Rückenmuskeln, und die Hüftgelenke werden elastischer.

90 Bauchschaukel. Das Kind liegt auf dem Bauch. Sie stehen hinter ihm, legen Ihre Hände unter Babys Hände und Arme bis über die Armbeuge. Umfassen Sie die Handgelenke des Kleinen mit Ihren Fingern und dem Daumen. Heben Sie die Babyarme von der Unterlage ab. Rauf und runter, rauf und runter, drei- oder viermal. Auch dabei quietschen die meisten vor Vergnügen.

91 Schubkarre. Wieder liegt das Kind auf dem Bauch. Sie fassen Babys Füße am Fußgelenk, aber so, daß Ihre Finger noch bis übers Knie des Kindes reichen. Nun heben Sie Beine, Becken und Brustkorb für einen winzigen Augenblick gestreckt nach oben. Dann gleich wieder ablegen. Schultern und Arme sollen dabei auf der Unterlage liegenbleiben. Anfangs könnte das Kleine ein wenig erschrecken. Aber da es gleich wieder ins Gleichgewicht kommt, liebt es dieses Spiel später dann um so mehr.

92 Rückenkraulen. Das Kind liegt auf dem Rücken. Zuerst wird der linke Arm gestreckt nach hinten gebracht, dann der rechte, immer abwechselnd, in gleichmäßigem Rhythmus. Aber sanft!

93 Armkreuz. Das Kind liegt auf dem Rücken. Sie führen beide Arme gleichzeitig gestreckt über

Die Wiege

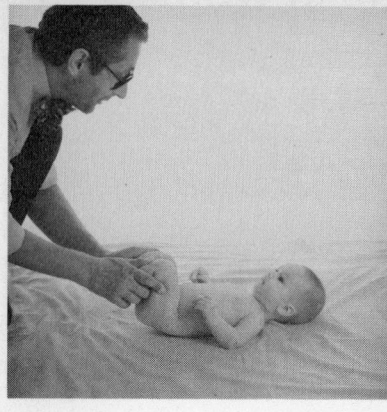

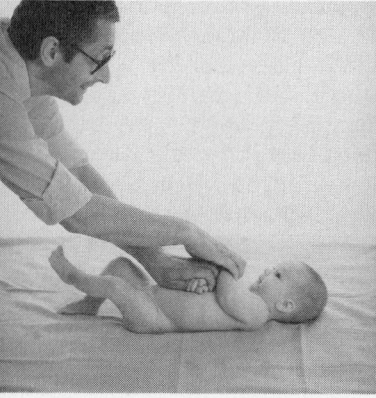

Das Armkreuz

Die Rückenschaukel

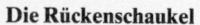

Der Flieger

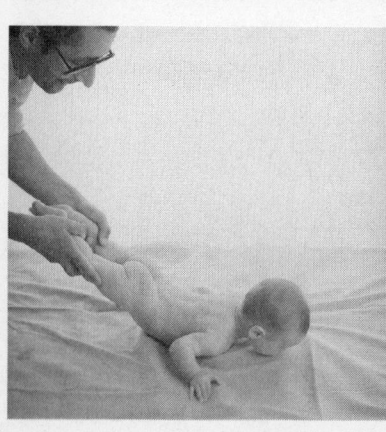

Die Schubkarre

den Brustkorb, wo sie sich kreuzen. Dann werden die Arme zur Seite gestreckt, erneut über dem Brustkorb gekreuzt. Wieder möglichst im Rhythmus.

94 **Flieger.** Das ist der absolute Höhepunkt. Das Kind liegt auf dem Bauch. Nun umfassen Sie den Brustkorb unterhalb der Achselhöhlen. So heben Sie das Baby von der Unterlage. Anfangs nur ganz kurz. Das kräftigt die Rücken- und Nackenmuskulatur. Zu Beginn strengt sich das Kleine dabei mächtig an. Man sieht das am Anschwellen der Adern an seinem Kopf. Wenn es schon Übung hat, dürfen Sie es waagerecht ein Stück vorwärts bewegen, indem Sie langsam gehen. Nun «fliegt» Ihr Baby!

Es ist klar, daß Sie nie alle Übungen machen dürfen. Wie gesagt: Täglich nur wenige Minuten, aber möglichst stets zur selben Zeit.

Die schönsten Krabbelspiele

Zwar ist der Mensch zum Zweibeiner geschaffen, aber ein paar Monate in seinem Leben, so um seinen ersten Geburtstag herum, da kostet er es meist voll aus, sich als wieselflinker Vierfüßler fortzubewegen. Man sieht es dem Krabbelkind an: Es gerät in eine Art Fortbewegungsrausch. Und ist ihm das zu verdenken? Es genießt es in vollen Zügen, nun zu selbstgesteckten Zielen zu kommen, zu Vater oder Mutter oder zu reizvoll Neuem, das es zu entdecken gilt!

Wenn es dann ein neues Spielzeug ergriffen hat, schaut es sich bestimmt triumphierend zu Ihnen um: Schaut her, was ich mir da Tolles geholt habe! Der Stolz steht überdeutlich im Gesicht.

Das Kind kann sich eine ganze Weile selbständig beschäftigen, wenn Sie ihm ein paar interessante Dinge in erreichbare Nähe legen. Aber Sie können die Krabbelei natürlich auch mit gemeinsamen Spielen unterstützen. Einige Anregungen finden

Sie bereits im ersten Kapitel im Abschnitt «Lautmalereien im vierten Vierteljahr» (Seiten 35 ff).
Und außerdem:

95 **Kampf um den Ball.**   Sie rollen den Ball ein
Stück weit weg. Wie Ihr Kind krabbeln Sie scheinbar angestrengt dorthin. Doch ist Ihr Kind schneller dort.

**Der erste Abenteuerspiel-
platz: die Krabbeldecke,
71 cm × 71 cm groß, bietet
sieben beliebte Babyspiele
– vom Quietschen bis zur
Spiegel-Schau (Matchbox)**

96 **Jagen.**   Das Kind krabbelt voraus, Sie hinterher. Sie wollen es fangen! Aber es entkommt. Hat
es durch Erfahrung begriffen, daß es Ihnen entwi-
schen kann, fangen Sie es hin und wieder mal. Das
erhöht die Spielspannung.

97 **Hindernis-Krabbeln.**   Gar nicht leicht, aber
es macht ungemein viel Spaß. Sie machen es vor:
Unter dem Tisch durchkrabbeln, über einen Ses-
sel, über Vater krabbeln (oder Mutter – je nachdem, wer hier diesmal mehr Zuschauer ist) oder
über einen Kissenberg. Wenn man draußen sein
kann: über einen Baumstamm, unter einem Busch
hindurch...
   Übrigens: Wenn das Kind zu krabbeln gelernt
hat, ist es meist alle Augenblicke «verschwunden».

Wenn Ihnen das zu bunt wird: Nicht gleich Ruhe verordnen. Vielleicht reicht es ja auch, an die Schuhe kleine Glöckchen zu nähen, dann hören Sie immer, wo Ihr Rekordkrabbler gerade «trainiert»!

Manche Kinder überspringen auch einfach das Krabbeln. Bei anderen geht das Krabbeln noch fixer, wenn sie laufen gelernt haben. Sie werden es beobachten: Immer wenn der kleine Läufer es besonders eilig hat, fällt er schnell noch einmal auf alle viere zurück.

98 **Ball-Basteln.** Das Wichtigste in diesem Alter bleibt sicher: ein bißchen Platz und ein Ball. Alles Runde verlockt zum Wegrollen, Hinterher-Krabbeln, Nachlaufen, zum Sich-Bücken, Sich-Strecken, Treten und Werfen. Kurzum: Alles Runde reizt zur Bewegung.

Der große Pädagoge Friedrich Fröbel empfahl einen kleinen Ball sogar als erstes Babyspielzeug. Anfangs sollte er über Bett oder Wiege hängen, damit das Kleine ihn anschauen, später anstoßen und ergreifen kann. Krabbelt ein Kind, muß der Ball dann schon etwas größer sein. Weich, verformbar und bunt aber sollten alle Babybälle sein.

Sie können Babybälle natürlich kaufen, am besten aus Frottee oder ganz kurzhaarigem Plüsch.

Aber Sie können sich auch selbst einen Ball nähen. Pausen Sie sich unser Schnittmuster durch.

Schneiden Sie danach zwölf gleiche Teile aus verschiedenen Stoffen. Nehmen Sie eins der Teile, und nähen Sie an jede Kante die Kante eines anderen Teils. Wie es ausschaut, wenn sechs zusammenhängen, sehen Sie auf der nächsten Seite.

Nähen Sie ein zweitesmal sechs Teile so zusammen. Nähen Sie nun beide Teile zusammen – nur eine Naht lassen Sie für das Füllen des Balles offen. Füllen können Sie mit Stoffresten oder auch mit Watte. Aber fest stopfen, sonst wird der Ball nicht schön rund. Zuletzt wird die Naht zugenäht. Fertig. Und die Ballspiele können beginnen, zum Beispiel:

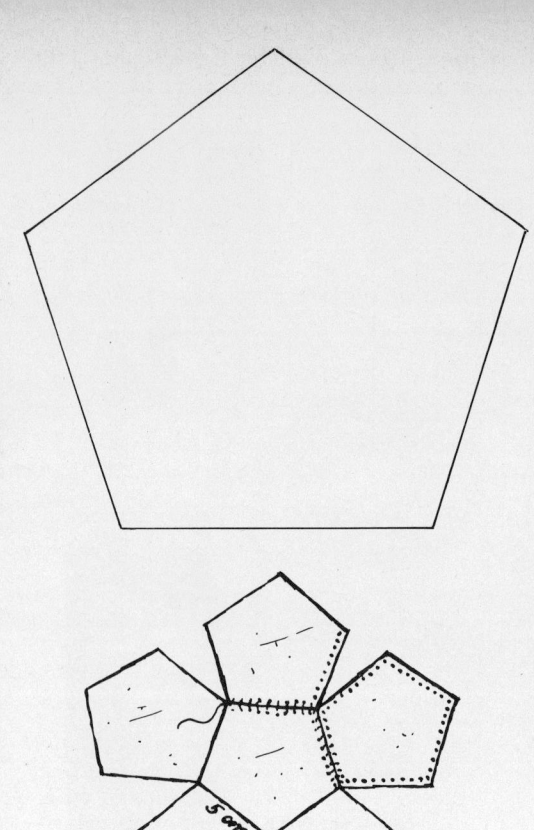

a) Pausen Sie dieses Muster doch einfach durch und übertragen Sie es auf Stoff. Sie brauchen zwölf gleiche Teile

b) Nähen Sie aus je sechs Teilen nach diesem Muster zwei halbe Ballhüllen. Nähen Sie beide Hüllen dann so weit aneinander, daß Sie die Ball-Haut gerade noch füllen können. Fest stopfen!

99 Werfen. Das Kind wirft den Ball weit weg und erwartet, daß Sie ihn zurückbringen. Natürlich nur, damit es ihn wieder weit von sich schleudern kann! Das macht ihm einen Heidenspaß! Und Sie hält das garantiert fit!

100 Kullern. Der Ball kann kullern, rollen, auch über ein niedriges Hindernis hinweg oder unter einem durch. Das ist interessant.

Empfehlenswerter Ohrenschmaus

1. Spieluhr «Mond mit Zipfelmütze», Steiff
2. Klangstäbe in Glockenform aus Holz, Walter
3. Weiche bunte Klapperkugel, Steiff
4. Rasselbande aus Holz mit Ringen und Kugeln, Walter
5. Holzrassel, Kugeln auf holzfarbenem Ring, Selecta
6. Witzige Quietschtiere, John
7. Rasselclown mit roten Haaren, weich, Steiff
8. Glockenkäfige aus Holz, Würfel und Walzen, Lorenz

Empfehlenswerte Augenweiden

1. Holz-Mobile, nicht direkt über dem Baby aufzuhängen, Selecta
2. Mobile aus Plüschfiguren, Figuren, die auch aus der Froschperspektive schöne Bilder zeigen, Dakin
3. Ein Hampelmann, der nicht hampelt, sondern einen Überschlag vorführt, Werstatt
4. konventioneller Hampelmann, wie sein Kollege (Nr. 3) aus Holz, Mertens-Kunst
5. DIP DIP-Greifling; die Kugel ist mit einer Flüssigkeit gefüllt, auf der das Entchen hin- und herschaukelt, DIP DIP
6. Wagenkette mit tanzenden Püppchen, Holz, Selecta
7. DIP DIP-Kugel, ähnlich Nr. 5, DIP DIP
8. Drei lustige Stehaufmännchen aus Holz, Sevi

Empfehlenswertes Be-Greifen

1. Schaukelvögelchen, am Bett anzubringen, das auch noch Musik macht, wenn es sich bewegt, Matchbox
2. Weiche Hängespielzeuge, auch für das Auto geeignet, Dakin
3. Spielbär «Teddy» aus Kunststoff mit vielen Spielfunktionen, Matchbox
4. Lokmock, die Babybahn aus Holz mit Rassel, Magnetkupplung, Quietsche, Spiegel, Habermaaß
5. DUPLO-Greifling aus Kunststoff, der sich später noch als witziger Blickfang in jedes Lego-Bauwerk einbauen läßt
6. Sechs bunte Holz-Greiflinge, Sevi

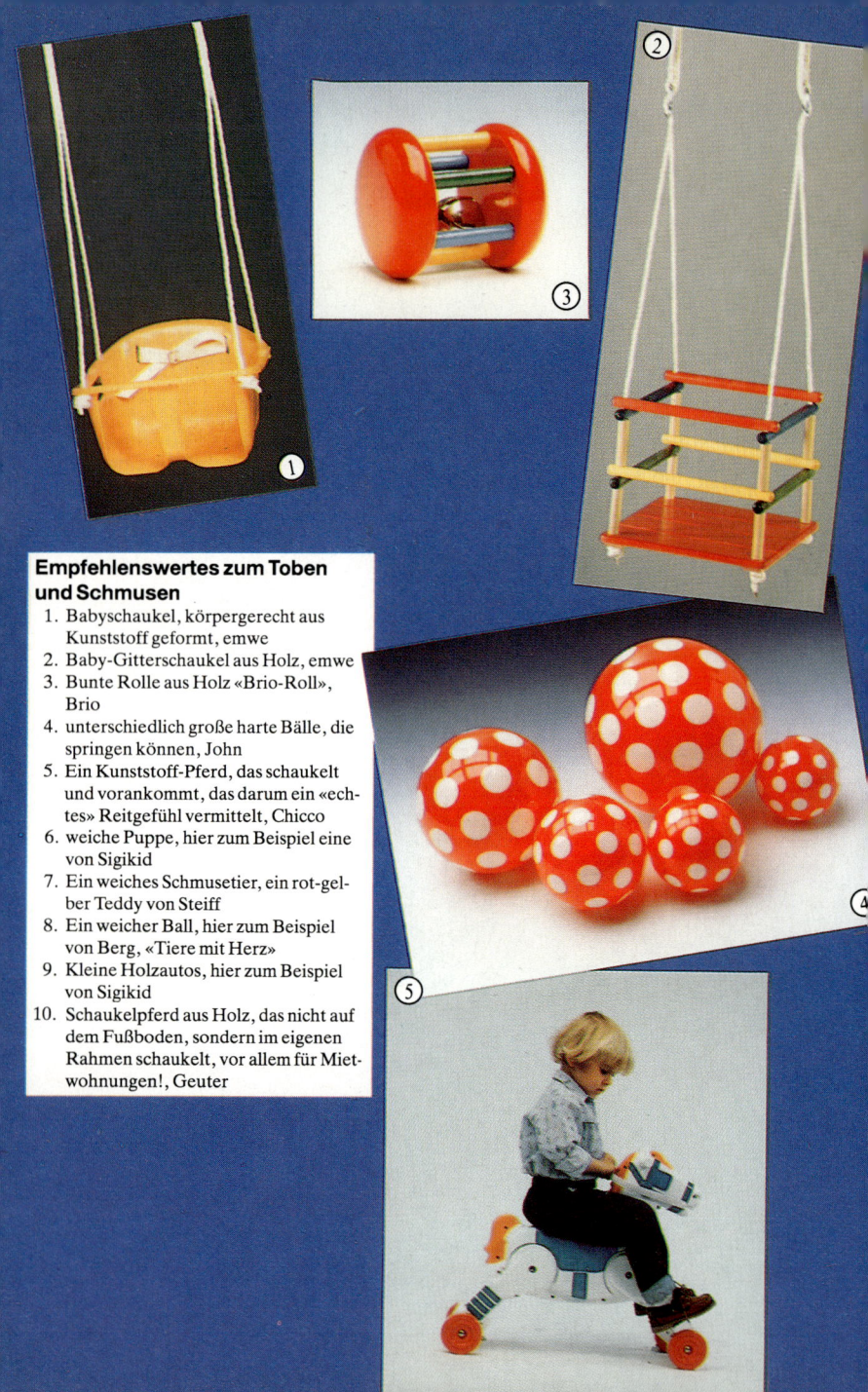

Empfehlenswertes zum Toben und Schmusen

1. Babyschaukel, körpergerecht aus Kunststoff geformt, emwe
2. Baby-Gitterschaukel aus Holz, emwe
3. Bunte Rolle aus Holz «Brio-Roll», Brio
4. unterschiedlich große harte Bälle, die springen können, John
5. Ein Kunststoff-Pferd, das schaukelt und vorankommt, das darum ein «echtes» Reitgefühl vermittelt, Chicco
6. weiche Puppe, hier zum Beispiel eine von Sigikid
7. Ein weiches Schmusetier, ein rot-gelber Teddy von Steiff
8. Ein weicher Ball, hier zum Beispiel von Berg, «Tiere mit Herz»
9. Kleine Holzautos, hier zum Beispiel von Sigikid
10. Schaukelpferd aus Holz, das nicht auf dem Fußboden, sondern im eigenen Rahmen schaukelt, vor allem für Mietwohnungen!, Geuter

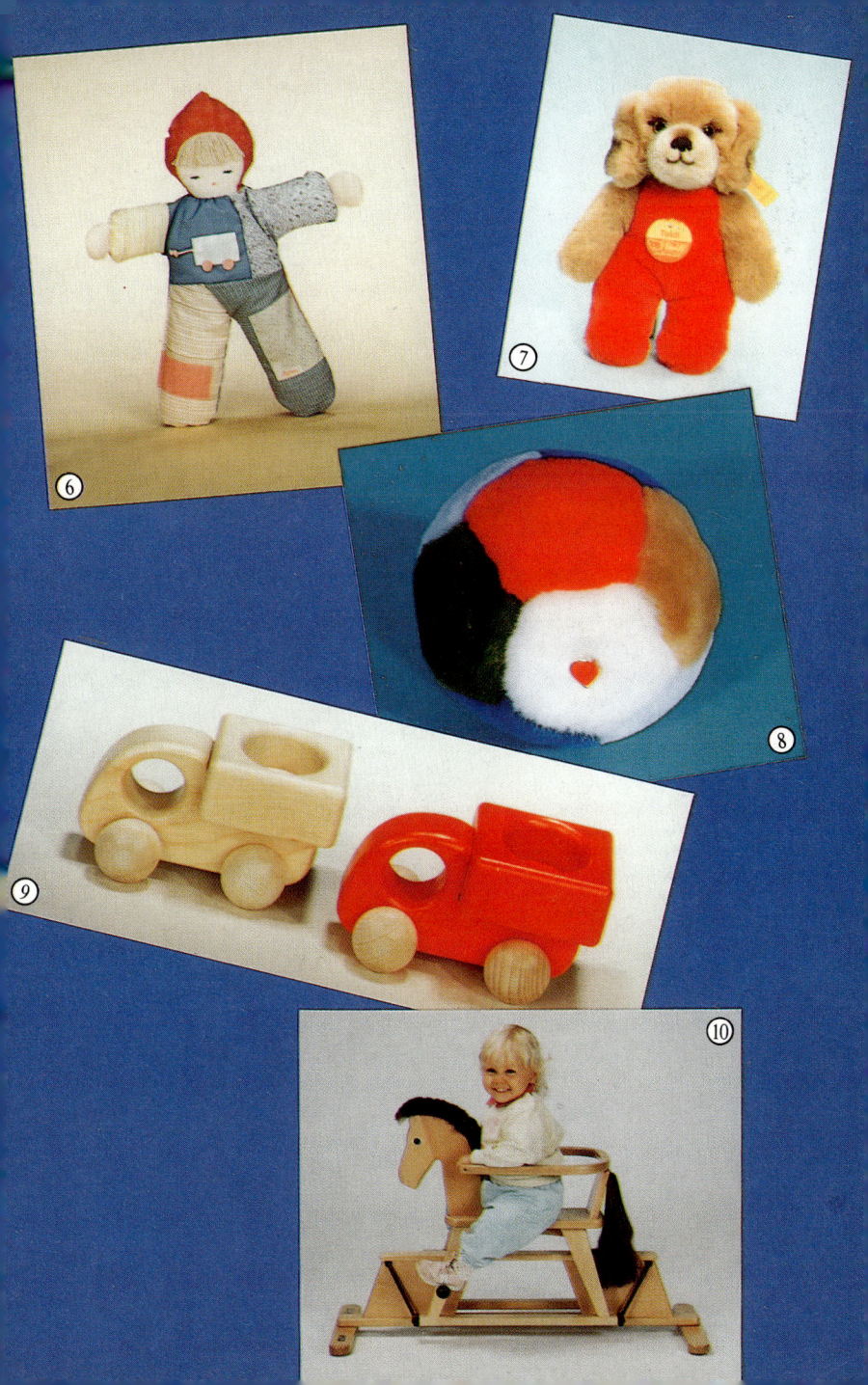

Empfehlenswertes zum Bauen und Gestalten

1. Ein Jute-Sack mit farbigen Bausteinen, Habermaaß
2. Viecher aus DUPLO-Steinen, die sich zusammen mit Lego auch später noch gut verbauen lassen
3. Bilder-Baukasten, zum Bauen und Puzzeln geeignet, aus Holz, Selecta
4. Baufahrzeuge, die denen der realen Umwelt gleichen, aus Kunststoff, Lena
5. Dicki-Wachsfarben, Eberhard Faber
6. Riesenbausteine aus Kunststoff, BIG
7. Wachsmalstifte, zum Beispiel von Pelikan
8. Fingerfarben, zum Beispiel der Marke Mali
9. Holz-Bauteile für ein Dorf, sojus

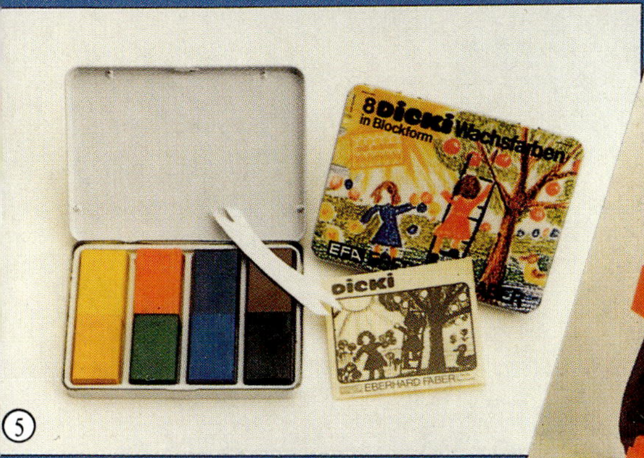
8 DICKI Wachsfarben
in Blockform
EFA
DICKI
EBERHARD FABER

5

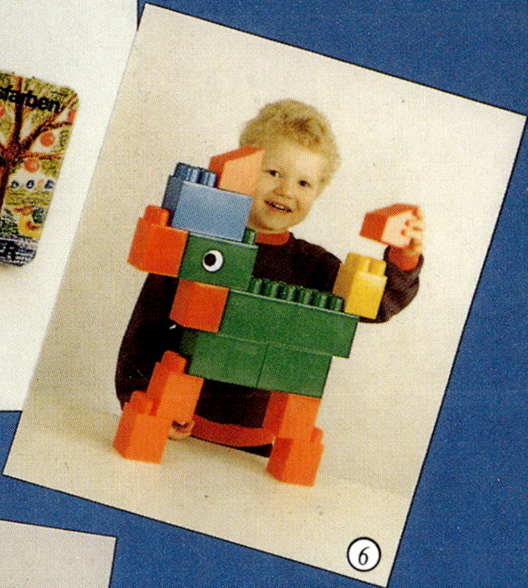

6

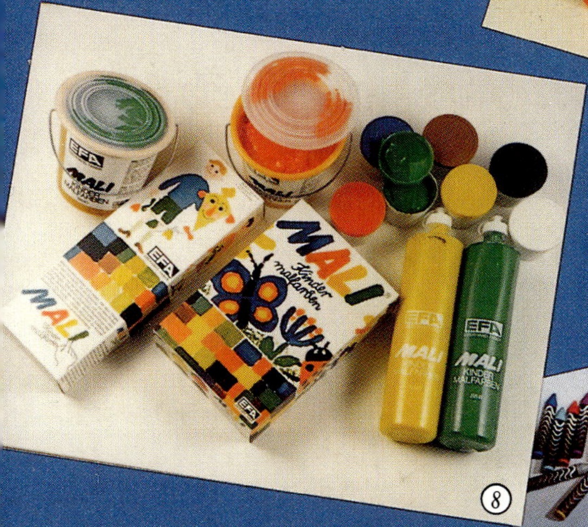
EFA
MALI
MALI
Kinder malfarben
EFA
MALI
KINDER MALFARBEN

8

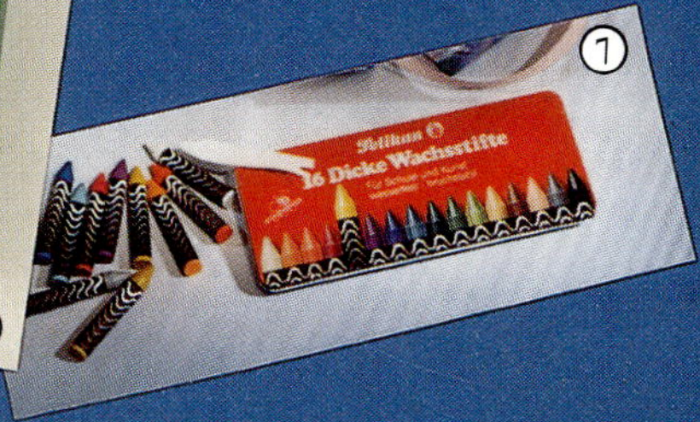
Pelikan
16 Dicke Wachsstifte

7

9

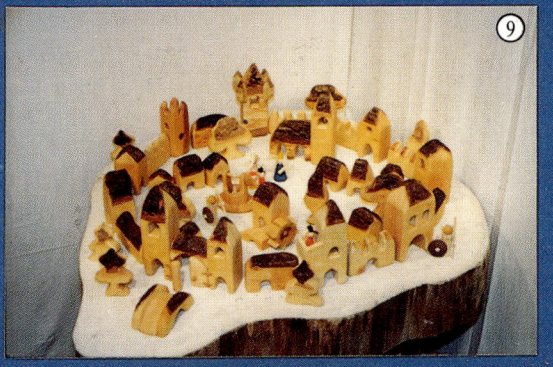

Empfehlenswertes für Läufer

1. Konventioneller Brummkreisel, Bolz
2. Ein Brummkreisel, der eine kleine Welt umfaßt, Bolz
3. Nachzieh-Hühner (ein Hahn, zwei Hennen, ein Küken) aus Holz, Walter
4. Nachzieh-Frosch, Sevi
5. Lauflernwagen mit Bauklötzen, Holz, Habermaaß
6. Baby-Walk aus Kunststoff, Elefant, superleicht, BIG

101 Schiefe Ebene. Bauen Sie dem Kind doch mal eine einfache schiefe Ebene, eine Art Ball-Rutschbahn. Ein Brett, an einer Seite auf einem dicken Schmöker aufgelegt, reicht schon aus. Das Kleine staunt: Wenn es den Ball oben hinlegt, rollt er «von selbst» runter.

102 Ball-Team. Sie setzen sich mit gegrätschten Beinen auf den Boden, dem Kind gegenüber. Ob es auch schon die Beine spreizen kann? Wenn nicht, ist das auch nicht tragisch. Rollen Sie ihm den Ball zu. Ob es Ihnen den Ball auch mal zurückrollt? Für das erste Zusammenspiel brauchen Sie Geduld. Denn das Kleine ist meist erst einmal froh, seinen Ball wiederzuhaben, und sieht nicht immer gleich einen Sinn darin, ihn sofort wieder abzugeben!

103 Fußball. Irgendwann – meist per Zufall – entdeckt es meist von selbst, daß man auch gegen einen Ball treten kann. Ein erster Fußballversuch!

Auch andere runde Gegenstände fordern zu ähnlichen Bewegungen heraus, Luftballons zum Beispiel oder Murmeln.

Anfangs denkt das Kleine gar nicht daran, den Ball wieder herzugeben

104 Luftballon-Spiele. Ein Ballon kommt schon in Schwung, wenn das Kind nur mit einem Finger drantippt. Zeigen Sie ihm das mal! Lassen Sie den Ballon mal auf den Kopf des Kindes fallen. Es kann ihn mit dem Kopf wegstoßen. Machen Sie es vor, wird das Kleine das auch versuchen. Man kann auch gegen ihn blasen, damit er vorankommt, übrigens auch auf dem Wasser in der großen Wanne, im Plansch- oder im Babyschwimmbecken. Versuchen Sie mal unangekündigt die Luft herauszulassen. Halten Sie ihn nicht fest: Er wird wie ein Jet durch Rücktrieb durch die Luft schießen. Dabei ernten Sie bestimmt Verblüffung und Staunen bei Ihrem Kind!

105 Murmeln. Wenn das Kleine mit Murmeln oder Perlen spielt, dann nur unter Aufsicht! Passen Sie nicht genau auf, könnten die kleinen Kügelchen schnell im Mund, in den Ohren oder in der Nase verschwinden. Eine Murmel in bestimmte Löcher kullern lassen macht Spaß, ebenso wenn man beobachten kann, wie sie eine Kugelbahn hinunterrollt.

Die schönsten Spiele im Wasser

Fast alle Babys baden begeistert. Das Planschen, meinen die Entwicklungspsychologen, ruft Erinnerung an das Leben im Mutterleib wach, an das Fruchtwasser. Wasser sei den Kleinsten darum bereits ein vertrautes Milieu.

Auch in der Babywanne kann das Kind schon mit seiner Ente spielen oder einem Waschlappen nachjagen

Man kann schon in der Babywanne spielen. Das Kind kann seinen knallroten Frosch, seine quittegelbe Ente schwimmen lassen, kann – mit Ihnen zusammen – seinem Waschlappen nachjagen, kann in einen Plastikbecher Wasser füllen, ausgießen, füllen... Es kann Badeschaum-Burgen bauen und Badeschaumbärte an sein und in Ihr Gesicht kleben. Das macht fidel!

Badezusätze geben Sie am besten erst dann ins Wasser, wenn die Spielzeit zu Ende geht und die eigentliche Reinigungsprozedur beginnen soll. Das Bauen mit Badeschaum ist ein Übergang. Das Wasser soll zunächst 36 °C bis 37 °C warm sein. Achten Sie auf das Badethermometer. Wenn das Kleine längere Zeit im Wasser planschen darf, müssen Sie ab und an etwas warmes Wasser zugeben.

Baby-Badezusätze sind heute erfreulicherweise schadstofffrei, jedenfalls die bekannten bundesdeutschen Markenartikel. Dasselbe gilt auch für Baby-Haarshampoos.

Wenn das Kleine das Haarewaschen – aus was für Gründen auch immer – überhaupt nicht lustig findet, spendieren Sie ihm eine Taucherbrille, die findet es bestimmt riesig, und mit ihr verschwinden die Probleme fast immer.

Wenn Sie mit dem Kind bald in einen Babyschwimmkurs gehen möchten, beginnen Sie vier bis sechs Wochen vorher damit, es allmählich an kühleres Wasser zu gewöhnen. Denn im Babyschwimmbecken ist das Wasser nur 32 °C bis 33 °C warm. Lassen Sie das Wasser bei jedem Bad aber nicht mehr als ein Zehntel Grad kühler als beim Bad davor werden. Das soll jedenfalls für das Spielen in der Wanne gelten. Für die Reinigungsprozedur darf das Wasser dann auch wieder wärmer sein.

Hier noch ein paar Beispiele für das Wannen-Vergnügen:

106 Strampel-Wonne. Sie gehen mit dem Kind in die große Wanne. Wenn Sie spüren, daß es am Anfang ängstlich ist, legen Sie es auf Ihren Bauch und streichen fest über seinen Rücken, über seine Arme und seine Beine. Geben Sie seinen Fußsohlen mit Ihren Oberschenkeln ein wenig Widerstand. Das Kind beginnt bald, kräftig zu strampeln. Schnell wird es sich im Wasser pudelwohl fühlen.

107 Goldfisch. Sie sind wieder mit dem Kleinen in der großen Wanne. Es liegt bäuchlings oder rücklings auf Ihrer flachen Hand. Sie ziehen die Hand näher an sich heran oder schieben sie weiter von sich weg. Da kommt ein erstes Schwimmgefühl auf.

108 Spritzvergnügen. Hat sich das Kleine schon an viel Wasser gewöhnt, darf auch schon mal gezielt gespritzt werden! Das aktiviert. Aber aufhören, sobald es dem Kleinen angst wird.

109 Flotten-Parade. Es gibt Plastikschiffe, die schon gut auf dem Wannenwasser schwimmen. Aber es dürfen auch Faltboote aus Papier sein, die dann für jede Parade neu gefaltet werden müssen.

110 Wasserzoo. Kunststofftiere, die nie «out» sind: die «Ernie-Ente» und der Goldfisch. An ihnen fasziniert die Kinder sicher vor allem die Farbe – Quittegelb und Knallrot! Andere Schwimmtiere

Zur Vorbereitung auf einen Babyschwimmkurs kühlen Sie das Wasser in der Badewanne allmählich ab (Foto aus: Schon Babys schwimmen mit Vergnügen. rororo Nr. 8473)

lösen Jubel aus, weil sie sich ulkig durchs Wasser bewegen. Da schwimmen dann Schildkröten, Frösche, Delphine, Krokodile durch das Wannenmeer.

111 **Gießfreude.** Mit viel Ausdauer sind die Kleinen dabei, wenn sie Wasser in einen Becher füllen, in einen anderen umfüllen, ausgießen...

Wenn Sie dann mit Ihrem Nachwuchs ins Schwimmbad wollen, gibt es für jedes Alter viele Spiele mehr. Die lernen Sie im Babyschwimmkurs kennen oder in dem Taschenbuch «Schon Babys schwimmen mit Vergnügen. Wasserspaß für Kinder bis sechs» in der Reihe «Mit Kindern leben» (rororo Nr. 8473).

Suchspiele beim Spaziergang

Im ersten Lebensjahr sind Kinder ausschließlich mit zumindest einem Erwachsenen draußen.

Solange das Kind noch im Babywagen liegt, ist dieser und Ihr Gesicht die kleine Welt, die es aufmerksam betrachtet. Ein bißchen Spielzeug darf schon sein, eine Wagenkette (siehe Seite 63), ein Hüpfpüppchen...

Sitzt das Kleine dann bereits in der Karre, wird ihm zwar die ganze Welt um es herum interessant, aber ein Blickfang an seinem Wagen sollte ihm die Chance geben, sich mit den Augen auch einmal auf diese Einzelheit zurückzuziehen, die es schon kennt. Das könnte eine bunte Windmühle sein, ein roter Luftballon oder auch, wenn es schon dämmrig wird, eine leuchtende Laterne.

Doch meistens wird das Kind beim Spaziergang mit allem Neuen beschäftigt sein, das es da umgibt: mit den Häusern, die aus seiner Perspektive wie Wolkenkratzer in den Himmel ragen, mit dem hektischen Gewimmel fremder Menschen, mit Autos, die hupen, Bremsen, die quietschen, Sirenen, die heulen, Menschen, die schreien, Wortfetzen, die es nicht versteht, Autoabgasen...

Oder es erlebt beim Spaziergang den Park: Sonne am blauen Himmel, Licht auf Wegen, schattige Bäume, rauschendes Laub, duftende Rosen, weiße Kastanienblüten, Vogelstimmen, Hundebellen, tobende Kinder...

Man kann die Großstadtszene bedauern und den Park preisen für einen Spaziergang mit Kind. Unsere Wirklichkeit aber besteht aus beidem. Und das Kind, das unsere Welt erfahren soll, braucht beides.

Manchmal werden Sie beobachten, wie Ihr Kind fast apathisch im Wagen sitzt. Kein Wunder: Es ruht sich aus, indem es sich in sich zurückzieht. Gesunde Kleinkinder können das auf bewundernswerte Weise! Dann lassen Sie ihm die wohlverdiente Ruhe. Es ist ja sein natürlicher Schutz gegen Überfütterung mit neuen Beobachtungen, Informationen.

Ist es aber «wach», dann helfen Sie ihm, sich in der Fülle zurechtzufinden, sich einzelnes zu isolieren und allein zu betrachten. Am einfachsten ist das und am meisten Spaß haben auch Sie selbst daran, wenn Sie einen Tag zum «Rosentag», einen anderen zum «Taubentag», «zum Gänseblümchentag»... bestimmen. Nehmen wir an, heute ist «Rosentag»:

112 **«Rosentag».** Auch wenn Ihr Kind noch kein Wort spricht: Erzählen Sie was über Rosen, sagen Sie ihm, daß Sie heute Rosen suchen wollen! Zeigen Sie ihm die Sträucher mit den rosa Heckenrosen, die Rabatten mit blutroten, gelben, orangefarbenen Rosen. Fahren Sie nah heran. Erzählen Sie dem Kind, wie sehr Sie diese Rosen lieben. Riechen Sie an ihnen. Lassen Sie auch das Kleine dran schnuppern. Machen Sie ihm das deutlich vor, das Einziehen des Duftes und den Genuß. Vielleicht ahmt es Sie schon bald nach! Sammeln Sie Rosenblätter. Zu Hause können Sie diese in einen kleinen Beutel füllen. Das ist Ihr Rosenbeutel, an dem Sie und Ihr Kind gelegentlich mal wieder schnuppern können.

Wenn Ihr Kind fast apathisch im Kinderwagen sitzt, so hat das einen guten Grund

Heute ist «Rosentag»...
Nehmen Sie zum Abschluß
ein paar Rosenblätter mit
und füllen Sie sie in einen
kleinen Beutel.

Das Kleine darf auch eine Rose – ohne Dorn – in die Hand nehmen (nicht aus der Parkrabatte, aber vom Strauch). Keine Angst: Rosenblätter sind eßbar. Auch ein paar grüne Blätter können Sie mitnehmen. Zu Hause zeigen Sie dem Kleinen, wie Sie diese zur Erinnerung an diesen schönen Rosentag auf ein Blatt Papier kleben. Lassen Sie sich nicht stören: Ihre Monologe sind keine sinnlosen Selbstgespräche. Das Kind spürt, daß Sie ihm Schönes zeigen. Das freut es. Es nimmt auch eine Menge wahr und kann sicher auch mit Gesten seine Gefühle und Wünsche ausdrücken, etwa: Ich möchte auch eine Rose haben, will an ihr riechen... Viele «Rosen-Bilder» gehen in seinen Bilderschatz ein und viele Wörter in seinen – wenn auch jetzt noch passiven – Wortschatz.

113 «Taubentag».

In der Stadt darf es dann einmal der «Taubentag» sein. Jeder weiß: Taubenfüttern ist nicht gerade eine edle Wohltat für unsere Städte. Aber gönnen Sie Ihrem Kind das trotzdem. Solange es das noch nicht selbst kann, kann es doch zumindest als Zuschauer seine Freude haben. Sammeln Sie auch ein paar Taubenfedern. Geben Sie diese dem Kind aber lieber erst, nachdem Sie sie zu Hause gründlich gewaschen haben. Es kann auch nur in Ihrem Beisein damit spielen, weil es sich sonst mit dem Schaft in die Augen piken könnte. Malen Sie, während es zuschaut, einige Federn an. Wenn Sie ein Stück Wellpappe haben, schneiden Sie ihm einen Kranz für den Kopf daraus. Stecken Sie in einige Rillen je eine bunt gemalte Feder. Fertig ist ein reizvoller Indianerkopfschmuck, den das Kind auf den Kopf bekommen und mit dem es sich dann natürlich im Spiegel betrachten kann.

114 «Gänseblümchentag».

Dabei gibt es noch eine interessante Möglichkeit der Verwendung von Blüten zu Hause. Mixen Sie – Ihr Kind schaut zu – einen herrlichen Frühlingssalat. Das ist ganz einfach: Sie brauchen zwei Handvoll Gänseblu-

menblätter, eine Handvoll Gänseblumenblüten,
wenn vorhanden: einige Blätter vom Sauerampfer,
ein Bund Radieschen, zwei Eßlöffel Sonnenblu-
menöl, einen Teelöffel Obstessig, Pfeffer, Salz,
ein hartgekochtes Ei und einen Teelöffel Schnittlauch.

**Von Kopf
bis Fuß**

*Als Clou gibt es am
«Gänseblümchentag» einen
herrlichen Frühlingssalat.
Das Rezept verraten wir
Ihnen auf dieser Seite*

Die Blätter werden sauber verlesen und gründ-
lich gewaschen. Die Blüten werden gut abgespült.
Die Radieschen schneiden Sie in dünne Scheiben.
Ein paar Blüten behalten Sie zurück und den
Schnittlauch. Alles andere mischen Sie gut zusam-
men. Dann garnieren Sie mit vier Eivierteln, mit
Schnittlauch und mit ein paar schönen Blüten.

Das Kind darf nun auch einmal Blüten heraus-
picken und essen, wenn es auch den Salat vielleicht
noch gar nicht so mag. Es lernt aber bereits, daß
man etwas, was draußen wächst, für ein Essen zu-
bereiten kann. Solche Erfahrungen sollten Sie Ihrem Nachwuchs in der ganzen Kindheit gönnen,
bei Hagebutten, Holunderblüten und -beeren, bei
Brombeeren, Brennesseln... Natürlich darf, was
zum Essen bestimmt ist, nie in der Nähe von Auto-
straßen gepflückt werden, am besten im eigenen
Garten oder im Garten von Freunden.

Wenn Sie wissen wollen, was es da für köstliche
«Wiesen»-Mahlzeiten gibt, gehen Sie doch einmal
in die Buchhandlung. Es gibt eine Menge guter
Rezeptbücher für die Kräuterküche.

Im Herbst kann man dann auch Säfte kochen
und Marmelade oder Beeren einfach als Dessert
auf den Tisch bringen. Je früher ein Kind Zeuge
solchen Verhaltens ist, um so früher wird ihm dann
ganz selbstverständlich, daß man nicht alles kaufen muß, was man braucht. Das gilt natürlich genauso für das Basteln von Spielzeugen.

Auf ein Wort zum Laufstall

Es ist schon eine Freude, mitzuerleben, wenn das
Kind krabbeln lernt und nun, von seiner Neugier
getrieben, von Erfahrung zu Erfahrung eilt!

Aber die Eltern haben leider nicht den ganzen Tag Zeit, dieses Wunder zu beobachten oder mit dem Kind die ersten Krabbelspiele zu machen und also immer aufzupassen, daß dem noch unerfahrenen Kleinen nichts zustößt.

Manchem scheint der Laufstall da ein Ausweg. Das Kind ist, während die Eltern sich mit anderem zu beschäftigen haben, geschützt. Es kann ihm nichts passieren. Das ist zweifellos beruhigend.

Wenn er denn schon sein muß: Ein Laufstall darf auf keinen Fall ein Dauerparkplatz sein!

Der Laufstall darf aber auf keinen Fall zum Dauerparkplatz werden! Denn Kinderärzte und Kinderpsychologen sind sich einig: Kinder, die viel Zeit im Laufstall verbringen, können sich weder körperlich noch geistig-seelisch normal entwickeln. Der Laufstall setzt nämlich dem vorwärtsstürmenden Temperament allzu enge Grenzen. Wenn das Kleine dann auch noch durch das Gitter Interessantes in der Wohnung entdeckt, von dem es allzu gern wüßte, was es wohl damit anstellen könnte, so ist ihm der Weg dorthin versperrt. Es kann seinen Wissensdurst nicht stillen. Allmählich stellt es dann die Neugier und damit den wichtigsten Motor für das Lernen ab.

Mindestens ebenso wichtig ist: Die Gitter halten das Kleine auch von dem Menschen fern, von dem es ja noch ganz viel Zuwendung braucht, zu dem es krabbeln möchte, den es sieht, der aber unbekümmert anderen Arbeiten nachgeht.

Der Laufstall kann also nur die Ausnahme in Extremfällen sein.

Schon besser sind Gitter, die das ganze Kinderzimmer zum Laufstall machen, die also in die Kinderzimmertür gespannt werden. Dann kann das Kind in dieser – trotzdem hoffentlich kurzen Zeit – zwar auch nicht zu Vater oder Mutter, aber es kann dennoch auf Entdeckungsreisen gehen.

Der Raum für die kindlichen Entdeckungsreisen wird noch größer, wenn das Gitter nur in den Rahmen der Tür zu dem Zimmer gespannt wird, in dem Sie gerade etwas tun, was das Kind gefährden könnte.

Sind Treppen in der Wohnung, gehört so ein Gitter vor die Treppe, solange das Kind noch nicht allein sicher Treppen steigen kann.

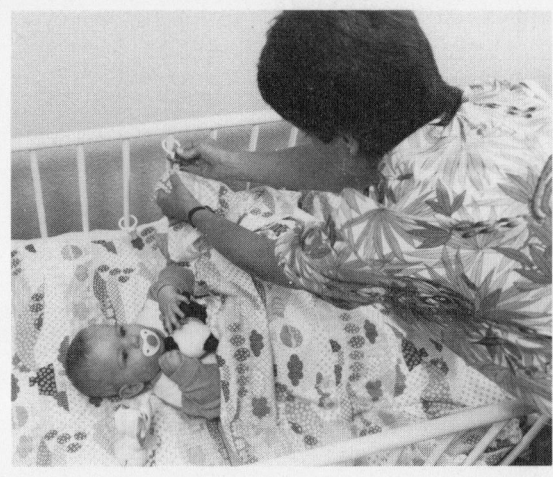

Die Bettdeckenhalter verhindern, daß sich das Baby bloßstrampelt und erkältet. Sie lassen dem Kind aber genügend Bewegungsfreiheit

Sollten Sie auf einen Laufstall trotz allem nicht verzichten wollen: dann machen Sie ihn aber kindersicher. Sobald ein Kind nämlich die Kraft dazu hat, wird es ihn zu verschieben versuchen. Und das kann ihm auch gelingen! Wenn denn der Laufstall sein muß, dann nehmen Sie einen, unter dem Sie einen Boden anbringen können, damit das Kind ihn mit seinem eigenen Gewicht so stark beschwert, daß es ihn nicht mehr fortbewegen kann.

Wenn Sie Ihrem Kind aber viel Freiheit gönnen wollen, müssen Sie auf der anderen Seite natürlich streng darauf achten, daß Ihre Wohnung auch kindersicher ist.

Ist Ihre Wohnung wirklich kindersicher?

Die meisten Kinderunfälle passieren in den eigenen vier Wänden. Und fast immer hätten sie sich vermeiden lassen. Aber es ist eine ganze Menge, woran man eigentlich ständig denken muß. Wer kann das schon?

Um Ihnen dabei zu helfen, haben wir für Sie eine Checkliste gemacht. Beantworten Sie sich ehrlich die folgenden Fragen in zwei Gruppen. Dann wissen Sie, wo bei Ihnen noch Gefahrenquellen sprudeln, die schleunigst verstopft werden sollten.

I. Sicherungen durch kindgerechte Einrichtung

1. Haben Sie in allen Räumen alle Steckdosen kindergesichert? ja ☐ nein ☐
2. Haben wirklich alle Fenster Fenstersicherungen? ja ☐ nein ☐
3. Besitzen Sie einen Herdschutz? ja ☐ nein ☐
4. Sind Vorhangschienen absolut sicher in der Wand befestigt (Kinder ziehen sich gern an Vorhängen hoch!)? ja ☐ nein ☐
5. Haben Sie – zumindest im Kinderzimmer und wo die Kleinen sonst noch gelegentlich unbeaufsichtigt spielen – Schutzgitter vor den Heizkörpern? ja ☐ nein ☐
6. Haben Sie für das Kinderbad eine Kunststoffmatte als Rutschbremse für die Wanne und / oder die Dusche? ja ☐ nein ☐

II. Sicherung durch wohlbedachtes Verhalten

1. Stellen Sie alle Elektrogeräte stets sofort nach Gebrauch ab und nehmen sie auch aus der Steckdose? ja ☐ nein ☐
2. Räumen Sie stets alle spitzen und scharfen Gegenstände nach Gebrauch sofort – für das Kind unerreichbar – fort? ja ☐ nein ☐
3. Lassen Sie Töpfe mit heißem Wasser, mit heißer Suppe... wirklich immer nur auf der gesicherten Herdplatte stehen? ja ☐ nein ☐
4. Bewahren Sie Putzmittel, Kosmetika, Medikamente, Alkohol und Plastikbeutel ausnahmslos für Kinder unerreichbar auf? ja ☐ nein ☐

5. Verzichten Sie beim Essen auf die Tischdecke? Oder wenn Sie das nicht mögen: Fixieren Sie die Decken stets mit Deckenklemmen? ja ☐ nein ☐

6. Wenn Wasser oder Fett auf den Boden gespritzt ist: Beseitigen Sie stets sofort die rutschigen Spuren? ja ☐ nein ☐

7. Haben Sie alle Türen «entschlüsselt»
(kleine Kinder schließen für ihr Leben gern, und da könnte es passieren, daß sie sich oder ihre Eltern einschließen)? ja ☐ nein ☐

Wenn Sie alle diese Fragen mit «Ja» beantwortet haben, liegt die Vermutung nahe, daß Sie sich doch ein bißchen was vorgeflunkert haben. Oder Sie sind ein unübertrefflicher Sicherheitsfanatiker.

Wenn Sie unter der Gruppe I eine Frage mit «Nein» beantworten mußten, holen Sie bitte gleich das bisher Versäumte nach! Frageliste II sollten Sie immer mal wieder lesen. Dann bleibt Ihnen im Bewußtsein, woran Sie eigentlich in jedem Augenblick denken müssen, ganz besonders in der Zeit, in der Ihr Kind seine ersten Erfahrungen mit der selbständigen Fortbewegung macht. Das gilt aber auch noch für die ganze Zeit bis mindestens zur Einschulung.

Kapitel 6

Stolzer Läufer braucht Begleitung

Viele Tiere können gleich nach ihrer Geburt perfekt laufen, das Pferd zum Beispiel, die Giraffe oder das Huhn. Nicht so der Mensch. Er braucht ein Jahr und länger, ehe er seine ersten Schritte riskiert.

Der Weg dahin ist ein Abenteuer. Und er endet mit dem ersten Auf-Tritt, dem alle Anverwandten reichlich Beifall zollen.

Wie es zu diesem Fort-Schritt kommt

Es gibt Kinder, die schon mit elf Monaten ihre ersten freien Schritte tun. Doch das ist selten. Die meisten lernen zwischen dem 12. und 13. Lebensmonat zu laufen. Wenn es Ihr Kind auch bis zum 18. Monat nicht geschafft haben sollte, ist es nötig, mit dem Kinderarzt darüber zu sprechen. Denn es könnte dann eine angeborene Muskelschwäche dahinter stecken, die dringend behandelt werden muß. Es könnte allerdings auch sein, daß Ihr Kind einfach nur zu schlau ist: Warum soll ich denn laufen, wenn ich auch noch getragen werden kann? Das Gespräch mit dem Arzt gibt Ihnen aber Sicherheit.

Mit den ersten Schritten bewegt sich der Mensch nun endlich in dem für ihn charakteristischen aufrechten Gang. Damit das möglich wird, muß die Skelettmuskulatur ausreichend entwickelt sein. Sie erfüllt zwei Aufgaben: Sie führt die Bewegung aus, und sie hält den Körper aufrecht.

Schon bei der Geburt sind die Skelettmuskeln voll ausgebildet. Ihr Zusammenwirken zu sinnvollen Bewegungen wird aber erst erreicht, wenn die entsprechenden Nervenzellen im Gehirn völlig reif sind. Das geht stufenweise vor sich. Zuerst kann das Kind den Kopf und die Arme gut bewegen, dann auch die Beine, dann erst Hände und Füße und zuletzt die Finger und die Zehen. Wenn das Kind laufen gelernt hat, hat es seine letzte Muskelregion unter die Herrschaft des Gehirns gestellt. Das Gehirn gibt nun auch Impulse für jeden Schritt und Tritt.

Auch der Körper, zuerst nur zum Liegen, dann zum Sitzen, später zum Krabbeln und schließlich zum Laufen bestimmt, paßt sich immer entsprechend an: Nach der Geburt ist die Wirbelsäule kerzengerade. Erst nach und nach bildet sich die charakteristische Krümmung heraus. Und: Anfangs sind die Fußgewölbe durch dicke Fettpolster verdeckt. Diese sollen den Fuß nämlich vor dem Auskühlen schützen. Auch beim Lauf-Anfänger ist der Fuß dadurch noch platt. Das verliert sich nun aber bald. Auch die Beugehaltung verschwindet allmählich. Und der zunächst nach innen gestellte Babyfuß stellt sich gerade, das heißt: Aus den O-Beinen des Babys werden X-Beine.

Plattfüße, Knickfüße, O-Beine und X-Beine sind nur Übergangsstadien

Nun aber keinen Schrecken kriegen! Ebenso wie die Plattfüße richten sich später – wenn auch erst etwa im sechsten Lebensjahr – die X-Beine (es sei denn, sie lägen in Ihrer Familie). Auch der Knickfuß, fast immer die Folge einer O-Beinstellung, ist nur ein Übergangsstadium.

Auf den aufrechten Gang bereitet sich der Mensch zielbewußt vor. Ende des 9. Monats steht er meist, zuerst an den Händen gehalten, schon ein paar Sekunden frei. Er kann nämlich schon seine Fußsohlen belasten. Am Ende des 11. Monats zieht er sich zumeist schon allein an den Möbeln hoch. Er tritt dann vergnügt ein paarmal auf der Stelle, er kann sich meist auch bereits seitlich an den Möbeln entlang bewegen.

Am Ende des 12. Monats können viele dann an

der Hand schon ein paar Schritte tun – wenn auch noch recht tolpatschig, so doch kreuzfidel. Dabei sacken sie allerdings immer wieder einmal in sich zusammen.

Ist dieses Stadium überwunden, so geht es meist rasch voran. Ende des 20. Monats fegt das Kind dann schon wie ein Wiesel durch die Wohnung. Es kann sich bereits hinhocken, wieder aufrichten und weiterlaufen. Es kann den Ball mit dem Fuß treten und ist wild auf alle Jagespiele.

Anfangs geht es dem Kind um das Laufen selbst. Je sicherer es wird, um so selbstverständlicher setzt es diese Fortbewegung nur noch als Mittel zu seinen Zwecken ein, um zur Mutter oder zum Vater zu kommen, ein Spielzeug zu erreichen, ans Telefon zu rennen, ans Fenster zu laufen, um zu sehen, was da Musik macht...

Bald fegt Ihr Kind schon wie der Wind durch die Wohnung

Die schönsten ersten Lauf-Spiele

Die ersten Lauf-Spiele sollten so gestaltet sein, daß Ihr kleiner Läufer für seine Lauf-Leistung belohnt wird – durch besonders intensive Zuwendung.

115 In meine Arme. Beide Eltern spielen mit. Einer von Ihnen geht ein Stückchen vor, dreht sich um, breitet beide Arme aus und ruft: «Wer will in meine Arme?» Meist rennt das Kleine sofort los und stürzt sich auf Sie. Sie reißen es hoch und wirbeln es ein paarmal herum. Das löst Jubel aus! Einjährige können davon nie genug bekommen!

116 Flugzeug. Nicht weniger Begeisterung rufen Sie mit dem «Flugzeug» hervor. Das Kind geht zwischen den Eltern, die es fest an der Hand halten. Sie gehen schneller und schneller, bis das Kleine nicht mehr mithalten kann. Dann schleudern Sie es hoch, daß es «fliegt» – natürlich sicher an Ihren Händen! Dasselbe können Sie auch mit einem passenden Vers spielen: «Engele, Engele –

111

fliiieg!» Bei «Engele, Engele» laufen Sie im Silbenrhythmus los.

117 Erster Wettlauf. Mutter oder Vater macht sich klein, geht also in die Hocke. Nun kann ein fairer Wettlauf stattfinden. Oft kann das Kind vor lauter Lachen kaum laufen.

118 Karre schieben. Haben Sie einen für das Kind zu weiten Weg geplant, nehmen Sie doch die Karre mit. Mit großem Stolz schiebt es sie erst vor sich her. Und wird es plötzlich zu müde, setzt es sich meist von ganz allein rein. Hat es sich genug ausgeruht, kommt es schnell wieder auf die Füße.

Kirsi kann zwar schon gut laufen. Aber das Nachziehtier hat längst noch nicht ausgedient. Die witzige Raupe (Kiddicraft) kommt mit, wenn die Zweijährige auf dem Sandkastenrand balanciert

119 Fußball. Ein Ball ist mit von der Partie. Legen Sie ihn sich einmal vor den rechten Fuß. Treten Sie ihn sanft weg. Das Kind wird von sich aus fröhlich hinterherlaufen. Vielleicht bringt es Ihnen den Ball einfach zurück. Aber irgendwann wird es Sie auch nachahmen und den Ball selbst wegtreten.

120 Nachzügler. Hochwillkommen ist ein lustiges Nachziehspielzeug, ein Auto oder ein Tier, eine Ente, ein Hund, ein Frosch... Herrlich, wenn dabei was tönt, eine Glocke läutet, die Ente schnattert...
Wenn so ein Tier aus dem Gleichgewicht gerät,

wird es «gefühllos» auf der Seite hinterhergezerrt.
Erschrecken Sie nicht: Das ist nicht etwa ein frühes
Zeichen von einem Hang zur Grausamkeit! Ihr
Kind verhält sich ganz normal. Es kann ja noch
nicht einmal mit einem anderen Kind mitempfin-
den, was ihm nicht weh tut, tut eben nicht weh!
Und das Nachziehtier ist eigentlich noch kein Tier
für das Kind, sondern ein lebloser Gegenstand.

121 Vorläufer. Ein Schiebespielzeug lenkt die
Aufmerksamkeit des Kindes noch mehr auf sich,
weil es immer im Blickfeld bleibt. Dafür ist es ein
wenig schwieriger zu handhaben.

122 Fangen. Ist das Kind schon sicher, gerät es
beim Jagen außer Rand und Band. Es läuft weg.
Geben Sie ihm einen guten Vorsprung. Jagen Sie
ihm nach. Es dauert ein Weilchen, bis Sie es einge-
holt haben. Aber bremsen Sie Ihren Schwung unauffällig. Merkt das Kind, daß Sie sich nicht wirklich anstrengen, fühlt es sich schon bald nicht mehr
ernstgenommen als Spielpartner und verliert leicht
die Lust am Spiel.

123 Schnellauf. Wenn beide Eltern dabei sind,
läuft einer ein Stück vor. Das andere Elternteil hält
das Kleine an der Hand und läuft hinterher. Das
Kind liebt es, bis an seine Grenzen gefordert zu
sein.

Wenn Sie ein neugieriges Kind haben, freuen
Sie sich! Denn Neugier ist der Motor zum Lernen.
Haben Sie ein bißchen Geduld! Ihr Kind muß jetzt
die anderen Menschen anschauen, muß die Autos
beobachten und die Tauben, den Hund und den
Regenwurm, es muß sich die Nase am Schaufen-
ster plattdrücken, vor allem, wenn sich da drinnen
was Buntes bewegt!

Denken Sie daran: Sie fordern vom Kind auch
sehr oft Geduld, an der Kasse des Supermarktes,
beim Kinderarzt, vielleicht sogar ab und zu beim
Schwatz mit der Nachbarin.

Apropos Supermarkt: Heute gibt es dort oft

**Jauchzend schiebt Maja ih-
ren «Vorläufer» vor sich
her. Aber sie achtet darauf,
daß sich das Kugel-Karus-
sell schön dreht. Gar nicht
so einfach! (Selecta)**

winzige Wagen für Kinder. Die machen aus dem
Einkauf ein Spiel, wenn die Kleinen da ihre Milch,
ihre Äpfel, ihr Knäckebrot einpacken dürfen!

Hüpfen, klettern, balancieren

Kaum hat das Kind zu laufen gelernt, entdeckt es
immer neue Bewegungsformen. Das Klettern und
Steigen ist eine der ersten. Es steigt auf die Fuß-
bank, zieht sich mühevoll auf den Stuhl, den Ses-
sel, die Bank, die Couch. Unablässig müssen die
Eltern nun auf der Hut sein, damit dem stolzen
Aufstieg nicht plötzlich der schreckliche Absturz
folgt.

Das Klettern verbieten hilft gar nichts. Denn das
Einjährige wird, so es das Verbot überhaupt ver-
standen hat, Ihre warnenden Worte schnell vergessen, wenn da etwas Reizvolles lockt, das nur durch
Klettern erreicht werden kann.

Besser ist es da schon, wenn Sie zusammen mit
ihm viele Kletter-Spiele machen. Dabei wird es
dann immer sicherer. Und allein darum wird es we-

Allemal besser als Verbote: niger stürzen.
Spiele machen das Kleine Ein paar Möglichkeiten:
sicherer!

124 Vom Stuhl springen. Das Kleine klettert
auf den Stuhl. Es soll herunterspringen. Damit es
begreift, was Sie von ihm erwarten, heben Sie es
fröhlich lachend wieder herunter und stellen es auf
die Füße. Es klettert wieder hoch, «springt» wieder und wieder. Kann es das schon gut, soll es in
Ihre Arme springen. Das kostet Mut und hat, ist es
gewagt, ein dickes Lob verdient. Ist es auch darin
sicher, darf es auf eine weiche Unterlage springen,
wobei Sie nur noch zur Sicherheit da sind. Die Unterlage könnte eine mehrfach zusammengelegte
Wolldecke sein oder zwei Wolldecken, jede zweimal zusammengelegt, übereinander.

125 Geländefahrt. Sie spielen Autos, so wie Sie
das schon beim Krabbeln taten. Mit Gebrumm

steigen Sie über Stühle und Bänke, «fahren» durch den Tisch-Tunnel... Rauf-runter-rauf-runter... Notfalls spielen Sie auch mal den Abschleppdienst, wenn der «Berg» zu hoch ist. Das alles übt die Beweglichkeit, macht sicher und dazu noch einen Heidenspaß.

126 Stufen-Sprünge. Treppen steigen ist schon ganz schön schwierig. Noch schwieriger ist das Treppab. Das Kind übt das mit bewundernswerter Ausdauer. Helfen Sie ihm dabei. Lassen Sie es von der letzten Stufe, von der vorletzten, schließlich von der vorvorletzten in Ihre Arme springen und wirbeln Sie es – gleichsam zur Belohnung – ein paarmal herum. Es wird das wiederholen wollen, einmal, zweimal, zigmal.

127 Leiterspiel. Mit Ihnen zusammen darf es seine Kletterkunst auch auf der Haushaltsleiter genießen. Aber räumen Sie das tolle «Turngerät» gleich wieder gut weg, damit es sich das Kind nie unbeaufsichtigt holen kann.

128 Balancieren. Jede niedrige Mauer, so scheint es dem Kind offenbar, ist wohl nur dazu da, erklommen zu werden. Also rauf! Es ist herrlich, dann an Mutters oder Vaters Hand oben zu balancieren! Später geht das auch ohne elterlichen Halt. Der ist dann nur noch am Ende der Mauer gefragt, wo es ums Abspringen geht.

Auch Baumstämme eignen sich bestens für den angehenden Seiltänzer.

Jedes Kind empfindet beides: Neugier auf Neues und Angst vor dem Unbekannten

129 Kuhlen-Forschung. Kuhlen sind für Einjährige, was Höhlen für ältere Menschen sind: eine Herausforderung. Was mag da unten sein? Wie sieht die Welt von dort aus? Meist macht die Perspektive aus der Tiefe dem Kleinen angst. Dann helfen Sie ihm rasch raus.

130 Hochsprung. Spannen Sie doch mal in 10 cm Entfernung vom Boden eine Schnur. Zeigen

Sie Ihrem Nachwuchsturner, wie man darübersteigen, später auch darüberspringen kann. Legen Sie aber dort immer eine weiche Unterlage hin, besagte Wolldecken zum Beispiel. Denn das Kleine könnte mit dem Fuß an der Leine hängenbleiben und hinfallen. Turnen soll ja nicht weh tun. Wenn es noch nicht klappt, lassen Sie das, und versuchen Sie es einfach ein paar Wochen später noch mal.

131 Schlangen-Fangen. Die Leine wird zur «Schlange», Sie schlängeln sie auf dem Boden. Das Kind soll sie fangen. Das hat es geschafft, wenn es die Schlange festtritt. Das macht einen Riesenspaß und übt nebenher die Beweglichkeit und das Reaktionsvermögen.

132 Wetthüpfen. Statt um die Wette zu laufen, schlagen Sie vor, um die Wette zu hopsen, im Schlußsprung zu springen oder auf einem Bein.

Läufer mit Begleitung

Mit solchen Spielen wird das Kleine immer sicherer in allen Bewegungsformen, die in aufrechter Haltung möglich sind. Und darum werden die Bewegungen selbst nicht mehr vorrangig der Spielinhalt sein. Bald müssen darum Spiele ihren eigenen Reiz haben. Die ersten solcher Spiele sind die einfachen Kreis- und Tanzspiele.

Die ersten Kreisspiele

Wenn das Kleine etwa 18 Monate alt ist, ist es meist so sicher auf den Beinen, daß es vor Vergnügen tanzen möchte. Kinderlieder sind ihm bereits vertraut, und Singen findet es schön. Besonderen Spaß machen Kreisspiele auch, weil sich ihm da meist zwei oder mehr andere zuwenden müssen. Die ganz Kleinen haben – wie auch unsere Umfrage bei 100 jungen Eltern erbrachte – noch immer den größten Spaß an «Ringel, Ringel, Reihe» und «Häschen in der Grube».

Mit etwa 18 Monaten ist Ihr Kleines meist so sicher auf den Beinen, daß es vor Vergnügen tanzen möchte

133 Ringel, Ringel, Reihe

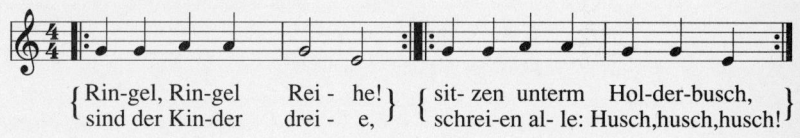

{ Rin-gel, Rin-gel   Rei - he!   { sit- zen unterm   Hol-der-busch,
{ sind der Kin-der   drei - e,   { schrei-en al- le: Husch,husch,husch!

Volksgut

Die Mitspieler fassen sich zum Kreis an. Während der ersten Hälfte des Liedes gehen sie im Kreis rechtsherum, dann wenden sie sich in die entgegengesetzte Richtung. Nach dem Lied ruft der Erwachsene: «Setzt euch nieder!»

Die genau gleiche Melodie und Regieanweisung gelten für dieses Lied:

Ringel, Rangel, Rosen
Ringel, Rangel, Rosen,
schöne Aprikosen,
Veilchen und Vergißmeinnicht.
Alle Kinder setzen sich.
Gerufen: Sitz nieder!

Zu den bekanntesten und zugleich beliebtesten gehört auch, wie gesagt

134 Häslein in der Grube

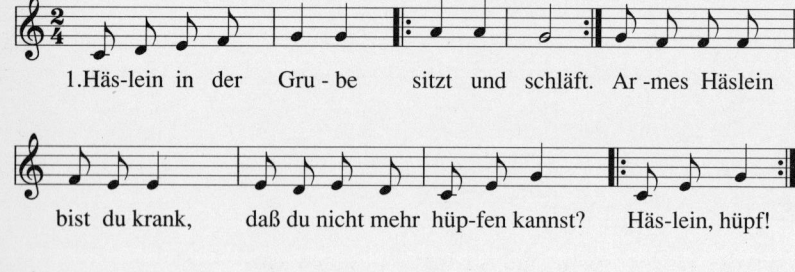

1.Häs-lein in der Gru - be sitzt und schläft. Ar -mes Häslein

bist du krank, daß du nicht mehr hüp-fen kannst? Häs-lein, hüpf!

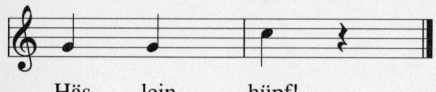

Häs- lein, hüpf!

2. Häslein, vor dem Hund |: hüte dich! :|
Hat gar einen schafen Zahn,
packt damit mein Häslein an. |: Häslein, lauf! :|
Volksgut

In der Mitte des Kreises sitzt das «schlafende Häschen». Bei den Worten: «Häslein hüpf!» erwacht
es.

Außerhalb des Kreises lauert der «Hund». Während der zweiten Strophe versucht er, den Kreis zu
durchbrechen, um das «Häslein» zu packen. Das
darf aber auch in den Kreis fliehen. Gelingt ihm
das, darf der Hund es noch mal versuchen. Packt
er es aber, wird das «Häslein» zum Hund der nächsten Runde. Dann wird ein neues «Häslein» ausge-
wählt.

Großen Jubel erntet auch:

135 Froschkonzert

1. Heut ist ein Fest bei den Frö-schen am See

Ball und Kon - zert und ein gro - ßes Di -

ner. Quak, quak, quak, quak.

Volksgut

Mit Anmut und Elan tanzen alle im Kreis. Bei der zweiten Strophe hüpfen alle wie die Frösche, also aus der Hocke hoch, sind im Idealfall einen Augenblick gestreckt und fallen wieder in die Hocke. Die ganze Strophe hat nur einen Text: «Quak-quak-quak-quak...»

Beliebt ist auch:

136 Jetzt zieht Hampelmann

1. Jetzt zieht Ham - pel-mann, jetzt zieht Ham-pel-mann sein

Sonn- tags- röck-chen an, sein Sonn- tags- röck- chen an.

Ei, du mein Ham-pel-mann, mein Ham-pel-mann, mein Ham-pel-mann,

ei,   du mein Ham-pel-mann, mein   Ham- pel- mann bist   du!

2. |: Jetzt zieht Hampelmann :| |: sein Sonntagshöschen an. :| Ei, du mein Hampelmann usw.

3. |: Jetzt zieht Hampelmann :| |: seine Sonntagsweste an. :| usw.

4. |: Jetzt zieht Hampelmann :| |: sein Sonntagshütchen auf. :| usw.

5. |: Jetzt tanzt Hampelmann :| |: mit seiner lieben Frau. :| usw.

Alter Berliner Kindertanz

Die Kinder fassen sich im Kreis. Nur ein Kind, der «Hampelmann», steht in der Kreismitte. Der Kreis bewegt sich, bis es heißt: «Ei, du mein Hampelmann...» Dann klatschen die Kinder im Kreis im Takt zu den Bewegungen des «Hampelmannes» in der Mitte, der zuerst so getan hat, als zöge er sich das besungene Kleidungsstück an und dann hampelt wie ein Hampelmann an der Wand.

Recht bekannt ist auch dieses Tanzlied:

137 Brüderchen, komm, tanz mit mir!

Mädchen

1. Brüderchen, komm, tanz mit mir! Bei- de Hän- de   reich ich dir.

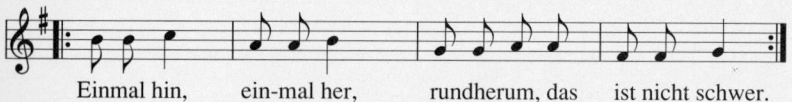

Einmal hin,   ein-mal her,   rundherum, das   ist nicht schwer.

2. Ei, das hast du gut gemacht!
Ei, das hätt ich nicht gedacht. Einmal hin...

3. Mit dem Füßchen trab, trab, trab!
Mit den Händen klapp, klapp, klapp! Einmal hin...

4. Noch einmal das schöne Spiel,
weil es mir so gut gefiel! Einmal hin…

5. Mit dem Köpfchen nick, nick, nick!
Mit dem Fingerchen tik, tik, tik! Einmal hin…

Worte: Adelheit Wette
Weise: Engelbert Humperdinck (1893)

Die Kinder stehen sich paarweise gegenüber.
Während des ersten Teiles der ersten Strophe gehen sie in ihrem kleinen Paar-Kreis herum. Dann
tun sie genau das, was das Lied besingt, wiegen
sich etwas hin und her, trampeln mit den Füßen,
klatschen mit den Händen, nicken mit dem Kopf.
    Schon ein wenig schwieriger ist dieses Kreis-
spiel:

138 Es geht eine Zipfelmütz

Es geht ei-ne Zip-fel-mütz in un-serm Kreis her-um, wi-de-bum.
um. Drei-mal drei ist neu-ne, du weißt ja, wie ich´s
mei-ne. Drei-mal drei und eins ist zehn, Zip-fel-mütz bleib
stehn, bleib stehn, bleib stehn. Sie rüt-teln sich, sie

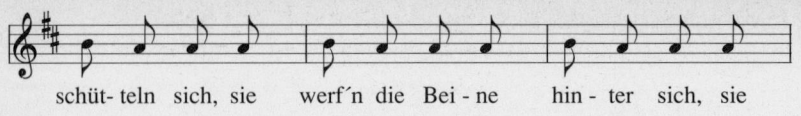

schüt- teln sich, sie werf'n die Bei - ne hin - ter sich, sie

klat-schen in die Hand: Wir bei-de sind ver- wandt!

Kinderlied aus Pommern

Die Kinder fassen sich im Kreis. Ein Kind steht im Kreisinneren. Es legt die Hände auf dem Kopf wie eine Zipfelmütze aneinander. Geht der Kreis rechtsherum, geht die «Zipfelmütz» links entgegen. Bei «Bleib stehn!» bleiben Kreis und «Zipfelmütz» stehen. Die Zipfelmütz steht nun vor einem Kind im Kreis. Beide Kinder führen nun die Bewegungen aus, von denen im Lied gesungen wird. Zum Schluß, bei «Wir sind verwandt», haken sie sich unter und hüpfen einmal im Kreis herum. Dabei klatschen alle Kinder im Kreis. Das Lied beginnt – mit einer kleinen Variation – von vorn. Nun heißt es nämlich: «Es gehn zwei Zipfelmütz'n in unserem Kreis herum...»

Die schönsten Tobe-Spiele draußen

Viele Spiele, die schon für das Ende des ersten Lebensjahres empfohlen wurden, bleiben weiter auf der Hitliste, das Schaukeln zum Beispiel, die Kniereiter, die ersten Lauf- und Suchspiele. Manche werden von den Kindern selbst jetzt ein wenig abgewandelt oder ausgebaut. Aber auch neue Spiele kommen dazu, zum Beispiel:

139 Purzelbaum. Zeigen Sie dem Einjährigen, wie es auf der Wiese, auf der Decke einen Purzelbaum schießen kann. Es wird entzückt sein, Sie dabei zu sehen, und auch, Sie nachzuahmen.

140 Walze. Sie legen sich der Länge nach hin, längs zu einem sanften Hang. Rollen Sie den Hang hinab! Hat das Kind das erst mal begriffen, mag es damit meist gar nicht wieder aufhören!

141 Hängematte. Ein Elternteil faßt die Füße des Kindes am Fußgelenk, das andere die Hände am Handgelenk. Das Kind schaut dabei nach oben. Nun schaukeln Sie es wie eine Hängematte hin und her, hin und her... Das bringt ordentlich in Tobeschwung!

142 Flieger. Ein Elternteil faßt die Hand am Handgelenk und einen Fuß am Fußgelenk. So hängt das Kind zuerst schlaff vor ihm. Nun dreht sich der Erwachsene und schleudert das Kleine dabei fast in die Waagerechte, so daß es wie ein Flieger fliegt, vor allem, wenn es den freien Arm und das freie Bein nach außen ausstreckt. Herrlich!

143 Tunnel. Ein Elternteil kniet und legt die Hände auf. Den Rücken macht es rund wie beim Katzenbuckel. Das Kleine soll durch den «Tunnel» krabbeln. Sind mehrere Kinder im Spiel, so können sich alle auch in die Grätsche stellen. Können die Kleinsten durch diesen Tunnel? Ein Wagnis!

144 Fangen mit Variationen. Fangen spielen alle Kinder gern und bei jeder Gelegenheit. Auch auf der Wiese. Wandeln Sie das immer wieder einmal ab. So könnte auch gelten: Alle dürfen nur auf dem rechten, nur auf dem linken Bein hüpfen oder im Schlußsprung, alle müssen auf allen vieren krabbeln...

145 Luftballon-Flug. Ein Luftballon, den Sie selbst aufgeblasen haben, fliegt ohne Wind nicht fort (das passiert bei Windstille nur mit den gasgefüllten Ballons). Alle sind auf dem Spielfeld und sollen den Ballon antippen, daß er stets in der Luft bleibt. Oder: Sie legen den Ballon auf ein viereckiges Umschlagtuch. Jeder faßt zwei Ecken

Beim Fangen kann man viele spaßige Regeländerungen versuchen

(wenn Sie zu zweit sind) oder eine Ecke (wenn Sie zu viert sind). Nun soll der Ballon auf dem Tuch hüpfen, aber nicht herabfallen.

146 Ballspiele. Mit einem Ball läßt sich auf der Wiese ungeheuer viel anfangen: sich zuwerfen, ihm nachlaufen, ihn kicken, ihn fausten, ihn verstecken, ihn auf dem Kopf balancieren...

147 Tier-Schau. Alle können wie ein Vogel mit den Armen schwingen und laufend das Fliegen nachahmen. Dazu gehört das Piepen eines aufgeschreckten Vogels. Sie können wie die Frösche hüpfen und quaken, wie ein Pferd wiehern und traben oder galoppieren, sich über die Wiese schlängeln und zischen... Spaß macht es, wenn sich einer so ein Tier zum Nachahmen ausdenkt und die Bewegung wie die Stimme vorführt. Dann machen ihm die anderen das nach.

148 Meistersprünge. Was sich anbietet, kann übersprungen werden, ein mittlerer Stein, ein Baumstamm, ein schmaler Bach... Sie wissen selbst am besten, was Sie Ihrem Kind wann zutrauen können. Wenn es Hilfe braucht, sind Sie da.

Spiele am Strand

Wo Wasser und Sand zusammenkommen, breitet sich so etwas aus wie ein Kinderparadies! Was gibt es Schöneres, als zu buddeln und zu bauen, zu matschen und zu planschen?! Da lassen sich die Ein- und Zweijährigen kaum bremsen. Und meistens brauchen sie außerdem nur noch:

Eimer und Schaufel, Gießkanne und Harke, Sieb und Trichter, ein großes Plastik-Auto zum Be- und Entladen, vielleicht auch eine Sand- und Wassermühle sowie einen Wasserball und ein Schwimmtier.

Dann weiß sich das Kleine fast immer ganz allein

Wasser und Sand, Schaufel und Eimer, Wasserball und Schwimmtier: ein richtiges Kinderparadies

zu beschäftigen, und Sie sind eigentlich nur noch gefragt, seine großen und oft neuen Leistungen zu bewundern.

Aber ab und zu braucht das Kind auch einen oder mehrere Spielpartner. Und mit ihnen gibt es dann für kurze Zeit ein paar Tobespiele im Sand oder im Wasser.

149 **Sandrobben.** Alle liegen bäuchlings im Sand und stützen sich auf ihre Ellbogen. Um die Wette robben! Ganz schön anstrengend, besonders wenn man auch noch so viel lachen muß!

150 **Fangen am Strand.** Laufen im Sand ist viel schwerer als das Laufen auf der Wiese! Das weiß Ihr Kind zunächst noch nicht. Wenn Sie mit ihm Fangen am Strand spielen, merkt es das allerdings schnell.

151 **Ballspiele am Strand.** Ohne Ball geht es kaum am Strand. Alle Spiele, die schon für die Wiese oder fürs Zimmer im Krabbelalter beschrieben sind (Seiten 55 und 124) sind möglich. Es darf noch wilder zugehen als sonst schon, denn das Fallen tut ja im Sand nicht weh.

152 Murmelbahn. Für die Tobe-Pause gibt es ein reizvolles, ruhiges Spiel. Aus feuchtem Sand wird ein fester Berg gebaut. Von oben werden nun spiralförmig kleine Mulden eingedrückt. Legen Sie oben eine Murmel hinein. Das Kind kann ihren Weg den Berg hinab betrachten.

Dann geht es weiter mit wilden Wasserspielen:

Wilde Wasserspiele zu zweit und mit mehreren Kindern, auf der Luftmatratze oder mit dem Ball

153 Wasser-Fangen. Auch im knöcheltiefen Wasser kann man Fangen spielen. Auch hier gibt es ein ganz neues Laufgefühl. Spielend lernt es das Kind kennen, zieht es die Beine höher an, um den Wasserwiderstand zu meiden.

154 Wasser-Fußball. Werfen Sie einen Wasserball oder einen aufgeblasenen Luftballon aufs knietiefe Wasser (für die Kinder knietief!). Treten Sie ein- oder zweimal den Ball selbst. Die jungen Stürmer begreifen das schnell. Wird das eine wunderbare Spritz-Orgie!

155 Ball-Jagd. Werfen Sie den Ball ein kleines Stück aufs Wasser (Sie müssen aber sicher sein, daß es auch dort höchstens hüfttief für die Kinder ist). Alle Mitspieler sollen ihn zu erjagen versuchen.

156 Paddelboot. Das Kind liegt auf einer Luftmatratze und paddelt mit den Händen. Etwas zum Ausruhen!

157 Pusteballon. Sie stehen Ihrem Kind in etwa zwei Metern Abstand gegenüber. Machen mehr als zwei mit, bilden sie ein Dreieck oder einen Kreis. Einer pustet den Ballon übers Wasser zum anderen. Wessen Puste nicht reicht, darf etwas näher herangehen und es noch einmal versuchen.

158 Abschleppen. Da müssen zumindest zwei Erwachsene und zwei Kinder mitmachen: Die Erwachsenen schwimmen in Brustlage, die Kinder sind huckepack dabei. Die Paare können natürlich auch um die Wette schwimmen.

Läufer mit Begleitung

159 Seeschlange. Schon drei Leute können eine Seeschlange bilden. Einer ist der Kopf und einer der Schwanz. Je mehr mitmachen, um so mehrgliedriger wird die Schlange, um so mehr Spaß macht das auch, wenn sie nun durch das knietiefe Wasser abzischt. Die Lust steigert sich noch, wenn sie das in kleinen Kurven tut!

160 Bootsregatta. Alle Mitspieler bekommen Papier-Faltboote. Die Bootsfahrer stehen hinter ihren Booten und pusten diese vorwärts. Wessen Boot ist zuerst am vereinbarten Ziel?

161 Kreisspiele im Wasser. Einige der vorn beschriebenen Kreisspiele lassen sich auch im Wasser ausführen (siehe Seite 117 ff). Nur gehört da schon eine Portion Mut dazu. Denn wenn es heißt: «Setzt euch nieder», dann bedeutet das hier schon: untertauchen!

Zwei dringende Bitten: Ehe Sie Tobe-Spiele am Strand veranstalten, gehen Sie mit den Kindern den Strand ab. Liegen da keine Scherben, keine Quallen, keine aufgeschnittenen Blechdosen oder ihre Deckel? Nichts, was die empfindlichen Kinderfüße verletzen könnte? Wenn ja: wegräumen oder ein anderes Strandstück suchen!

Und: Selbst wenn ein Kind mit einer Schwimmhilfe ausgestattet ist, lassen Sie es am Strand und im Wasser nie aus den Augen.

Übrigens: Wenn Sie noch mehr Spiele für Wasser und Sand mit Kindern suchen, schauen Sie in das Taschenbuch «Schon Babys schwimmen mit Vergnügen. Wasserspaß für Kinder bis sechs», das in der Reihe «Mit Kindern leben» bei Rowohlt erschienen ist (rororo Nr. 8473).

Noch mehr Spiele für Wasser und Strand finden Sie in dem rororo-Band «Schon Babys schwimmen mit Vergnügen. Wasserspaß für Kinder bis sechs»

Spiele im Schnee

Wahrscheinlich sieht Ihr Kind ja in diesem Jahr zum erstenmal bewußt Schnee. Schnee ist kalt, aber er macht auch warm, wenn man mit ihm das Gesicht oder die Hände abreibt. Schnee ist weiß und flockig, aber in der Hand taut er zu Wasser. Schnee kann glatt werden. Mit Schnee läßt es sich wunderschön spielen.

Im Schnee lassen sich Spuren lesen: da war ein Vogel, dort ein Hund. Und Vaters Füße drücken sich ganz groß ab

Ein paar Möglichkeiten:

162 Schneeball werfen. Für eine zünftige Schneeballschlacht ist Ihr Kind in diesem Jahr noch zu klein. Aber einen Schneeball in Tennisballgröße kann es sicher, wenn Sie es ihm mal vormachen, schon rollen. Den darf es dann in Richtung Vater oder Mutter werfen. Wer einen abkriegt, muß sich natürlich gebührend erschrecken.

163 Schneemann bauen. Wer einen Schneeball rollen kann, kann auch beim Schneemann-Bauen schon helfen. Man braucht nicht unbedingt eine Möhre für die Nase und zwei Kohlestückchen für die pechschwarzen Augen. Ein paar Steinchen tun es auch. Wer leiht dem kalten Mann wohl eine warme Mütze?

164 Rodeln. Jedes Kind braucht einen Schlitten. Lange Zeit wurden die Kleinsten von den Schlittenbauern leider schlecht behandelt. Jetzt gibt es den rotho-star mit leicht abnehmbarem Kindersitz. Fährt man damit in der Ebene, das heißt: zieht ihn ein Erwachsener hinter sich her, so sitzt das Kleine sicher auf dem Schlitten. Will man mit ihm rodeln, nimmt man den Kindersitz ab, setzt sich mit dem Kind auf den Schlitten und nimmt es dabei zwischen die Oberschenkel. Da ist es sicher und freut sich riesig, wenn es so einen kurzen Hang hinuntergeht!

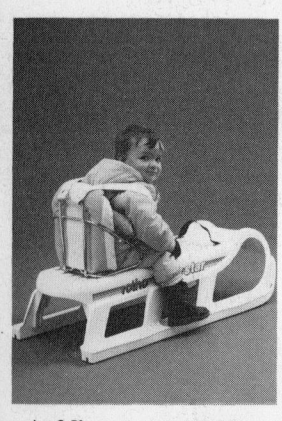

Auf diesem ersten Schlitten mit Babysitz ist das Kind auch beim Spaziergang im Schnee sicher aufgehoben (rotho star)

165 Schlitten-Slalom. Es juchzt auch vor Freude, wenn Sie es – mit Kindersitz – in weiten

Kinder lernen ...

... spielend, ihre fünf Sinne zu gebrauchen. Sie erfassen die kleinen und großen Dinge um sich mit den Händen und begreifen so nach und nach ihre Umwelt und ihre vielfältigen Zusammenhänge.

Aufgabe der Erwachsenen ist es, bei ihnen den «sechsten» Sinn für die Erfordernisse der Zukunft zu entwickeln. Die finanzielle Vorsorge nimmt dabei eine wichtige Stelle ein.

Bögen über eine Fläche ziehen. Natürlich können Bäume oder Sträucher da als Slalomtore dienen. Sie können aber dafür auch Flaschen oder Blechdosen aufbauen. Herrlich ist vor allem der Schwung in den Kurven!

166 **Fledermaus.** Eine schöne stille Sache. Sie legen sich mal alle auf eine Fläche unberührten Schnees. Anfangs liegen die Arme eng am Körper. Dann bewegen Sie sie leicht auf dem Schnee nach oben, noch mal nach unten, noch mal nach oben. Aufstehen. Da haben Sie eine «Fledermaus» in den Schnee gemalt!

167 **Spurensuche.** Machen Sie das Kleine mal auf die Spuren aufmerksam, die Tiere und Menschen im Schnee hinterlassen! Es ist schön, wenn es gerade beobachten kann, wie der Hund die Fährte macht oder ein Vogel die Spur. Das Kind kann auch beobachten, wie sich Vaters Füße mutmaßlich größer und breiter im Schnee abdrücken als Mutters Füße oder gar die eigenen. Gehen Sie solchen Spuren mit dem Kind mal nach.

168 **Tiefschnee-Fangen.** Schon wieder ein neues Laufgefühl, diesmal im lockeren Schnee. Anders als auf dem Pflaster, als auf der Wiese, als auf dem Sand, als im Wasser! Beim Fangen-Spielen paßt sich das Kind auch an den Schnee-Untergrund an.

169 **Eis-Gleiten.** Gießen Sie im Beisein Ihres Kindes an geeigneter Stelle (vor allem weder auf Geh- noch Fahrwegen!!) abends einen Eimer Wasser aus und bestaunen Sie am nächsten Morgen, was die Winternacht daraus gezaubert hat: eine Eisbahn! Schieben Sie Ihr Kind vor sich her über die kleine Eisfläche. Bringen Sie ihm auch unbedingt bei, wie man am klügsten fällt: Gewicht nach vorn verlagern, auf die Hände fallen, mit ihnen abstützen.

Fallenspielen ist eine sinnvolle Sache. Wem

diese Reaktion in Fleisch und Blut übergeht, der fällt dann meist auch im «Ernstfall» nicht so gefährlich.

Auf ein Wort zu den Lauflerngeräten

Manchen Eltern geht das Laufenlernen nicht fix genug. Sie möchten die Entwicklung beschleunigen. Vielleicht weil ein gleichaltriger Spielkamerad schon sicher laufen kann, während das eigene Kind noch dauernd zusammensackt.

So kommen sie vielleicht auf die Idee, eins der Lauflerngeräte zu kaufen, die angeboten werden. Es gibt ganz verschiedene, der aufgehängte Hopser und der Laufsack auf Rädern sind wohl die bekanntesten.

Im Lauflerngerät ist Ihr Kind festgeschnallt und eingeengt...

So ein Lauflerngerät muß aber nicht sein.

Die Kinderärzte sind sich darin einig: Das freie Laufen fördern sie nicht. Sie entlasten nur die Eltern, die glauben, das bewegungslustige, aber noch ungeschickte Kind könnte nun in sicherer Obhut sich bewegen oder gar herumkutschieren. Aber bedenken Sie: Immer ist das Kleine, das gerade jetzt ganz viel Bewegungsfreiheit braucht, in diesen Geräten festgeschnallt und eingeengt. Und wird ein Teil der Muskeln tatsächlich ein wenig trainiert, so werden andere, die das Kind hier nicht bewegen kann, vernachlässigt. Die Harmonie der freien Bewegung fördert das Gerät nicht.

Und abgesehen davon ist bei Geräten, die Fortbewegung ermöglichen, auch die Unfallgefahr nicht ganz auszuschließen (Treppenstürze!).

Aber es gibt Spielzeuge, die gerade für das Lauflernalter besonders gut geeignet sind. Dazu gehören vor allem die sogenannten Rutscherautos. Sie sind – aus stabilem Kunststoff – sehr leicht und können so auch mit nach draußen genommen werden. Und der junge Fahrer fühlt sich auf so einem Auto schon viel größer als in der Sportkarre.

...aber es gibt einige Spielzeuge, die gerade für das Lauflernalter besonders gut geeignet sind

Auch der sogenannte Lauflernwagen von Habermaaß, der zunächst einmal ein Wagen mit wunderbaren naturfarbenen Holzbausteinen ist, kann einen noch ungeschickten Läufer durch die Schubstange in Griffhöhe unauffällig ein wenig unterstützen. Beide Spielzeuge machen aber in erster Linie Freude und bieten viele Spielmöglichkeiten. Obwohl sie durchaus beim Laufenlernen unterstützen, halten sie nicht fest – und engen nie ein, sondern fordern im Gegenteil zu engagierter Bewegung heraus.

Was ist ein guter Lauflernschuh?

Obwohl 99 von 100 Kindern mit gesunden Füßen auf die Welt kommen, haben 80 von 100 Erwachsenen verformte Füße. Oft sind falsche Bewegungen schuld, noch häufiger aber schlechte Schuhe.

Gleich beim Laufenlernen geht es bei vielen mit den Füßen schon bergab! Zu wenig wird bedacht, was ein so empfindlicher, verformbarer Kinderfuß braucht.

Für die Fußmuskeln gilt dasselbe wie für alle anderen Muskeln des Bewegungsapparates auch. Sollen sie gekräftigt werden, brauchen sie Anspannung und Entspannung. Die Freiheit aber, aus der Anspannung in die Entspannung zu kommen, wird von den Schuhen eingeengt.

Darum sind sich alle Orthopäden einig: Lernt ein Mensch barfuß laufen, kann sich sein Fuß optimal entwickeln. Eigentlich braucht ein Laufanfänger gar keine Schuhe.

Wenn sich das Kind aufrichtet, erhebt es sich in den Zehenstand. Es lernt anfangs auch den Zehengang. Gerade das stärkt die Füße. Und gerade das behindert ein Schuh.

Lassen Sie Ihren Lauf-Lehrling darum möglichst oft barfuß laufen, möglichst auch auf Wiesen und Sand. Unterschiedliche Laufgründe zwingen die Füße immer wieder zu neuer Anpassung. Auch zu Hause auf dem Teppichboden, auf Kunststoff-Fliesen, auf Holz-Parkett übt der Fuß, sich an unterschiedliche Untergründe anzupassen.

Am besten entwickelt sich der Fuß, wenn Ihr Kind barfuß laufen lernt

Die Haut des nackten Fußes wird zudem bestens durchblutet. Darum kriegt das Kind selten kalte Füße. Und trocken bleiben sie, so daß sich Schweißfüße erst gar nicht bilden können.

Natürlich: Außerhalb der Wohnung, auf der Straße vor allem braucht der kleine Läufer Schuhe, denn die schützen die Füße vor zu großer Kälte, vor Nässe und Verletzungen.

Dann sind für dieses Alter die Lauflernschuhe richtig. Sie sind so konstruiert, daß sie den Fuß so wenig wie nur möglich behindern. Sie sind besonders leicht, ihr Leder ist weicher, die Sohle elastischer, als es bei Schuhen für die größeren Kinder üblich ist. Und das Fersenteil ist so gestaltet, daß sich die Kinderferse nicht wund reibt.

Haben Sie ein Paar Schuhe in die engere Wahl gezogen, machen Sie diesen Test: Gute Lauflernschuhe lassen sich in Ihrer Hand über die Sohle «knautschen», zusammendrücken.

Wenn Sie die Schuhe anpassen, stellen Sie das Kind aufrecht hin. Im Stand werden die Füße stets stärker belastet als beim Sitzen, so daß sich der weiche Kinderfuß verlängert. Und außerdem: Bei jedem Schritt verlängert sich der Fuß noch mal. Der «passende» Kinderschuh – und das gilt auch für größere Kinder – ist deshalb stets länger als der Fuß im Stand. Bei Laufanfängern beträgt die richtige Zugabe 10 mm. In einem Fachgeschäft mit geschultem Personal werden die Füße Ihres Kindes eigens vermessen. Dort erhalten Sie auch Hinweise, für welchen Schuh Sie sich am besten entscheiden, wenn Ihr Kind z. B. eher breite oder besonders schmale Füße hat.

Kapitel 7

Bauen:
Augenmaß und Einsturzspaß

Bauen ist ein Spiel, das die ganze Kindheit über fasziniert. Rote, gelbe und blaue Bausteine sind schon für das Baby reizvoll. Spätestens im dritten Vierteljahr des ersten Lebensjahres kann es mit ihnen schon eine ganze Menge anfangen: Es kann den Stein mit der Hand umfassen, an ihm nuckeln, ihn drehen und wenden, ihn von einer Hand in die andere wechseln und loslassen (werfen).

Für ein Einjähriges hat ein Baustein viele Seiten

Im zweiten Lebensjahr schiebt das Kind schon viele Steine zu Haufen zusammen, kann zwei oder drei Steine zu einem kleinen Turm schichten, kann mit beiden Händen gleichzeitig zwei Steine erfassen, es kann Steine auf einen Kipplaster laden und diesen dann polternd leeren. Es kann sich schon eine ganze Weile auch allein mit seinen Klötzen beschäftigen. Aber das heißt nicht etwa, daß es sich bereits auf das Bauen konzentrieren möchte. Wissenschaftler haben herausgefunden, daß noch ein Zweijähriges, das mit Klötzen umgeht, nur in weniger als der Hälfte der Zeit wirklich zu bauen versucht. Den größten Teil der Spielzeit verbringt es mit Tätigkeiten, die mit dem Bauen nicht zusammenhängen: Es klopft mit einem Klotz auf die Tischplatte, wirft Steine weg, holt sie wieder... Nach einer Weile kehrt es zu Turm- oder Mauerbau zurück. Dann wieder wird ein Klotz zum Auto umfunktioniert, und das Kleine schiebt ihn mit Gebrumm durch sein Zimmer. Zweijährige haben noch wenig Interesse am Bauwerk, vielmehr am Material selbst, das es immer wieder unter neuem Aspekt zu untersuchen gilt.

135

Aber sie können die Klötze schon nach ihrer Form unterscheiden. Im Baukasten, wie ihn Friedrich Fröbel vor etwa 150 Jahren für Kinder entwikkelt hat, gab es Klötze in vier verschiedenen Formen: Würfel, Quader, Walzen und Pyramiden. Würfel, Quader und Walzen sind auch in heutigen Baukästen enthalten, aber aus der Pyramide ist nun ein «Dach» geworden.

Für ein Einjähriges sind diese vier Formen genug. Sie sollten das Material zunächst auch auf die vier Farben Rot, Gelb, Blau und Grün beschränken. Vielleicht können dazu schon ein paar Steine in Naturholzfarben kommen. Viele Eltern gäben ihren Kindern am liebsten von Anfang an nur die naturfarbenen Holzklötze. Aber ehe die Bauleidenschaft geweckt ist, eignen sich die farbigen besser, einfach weil sie einen stärkeren Aufforderungscharakter haben. Außerdem sind die Holzsteine beliebtes erstes Sortiermaterial, das vom Kind irgendwann ganz unaufgefordert nach Farben – und auch nach Formen – geordnet wird.

Würfel, Quader, Walzen, Dächer in Rot, Gelb, Blau und Grün – damit läßt sich soviel bauen

Muß man Holzklötze eigentlich kaufen? Oder kann man sie auch selbst herstellen? Die Anforderung an die eigene Werkstatt scheint nicht eben hoch: Walzen bekommt man, wenn man einen Besenstiel in gleichmäßige Abschnitte zersägt. Würfel und Quader produziert man, indem man dasselbe mit unterschiedlichen Vierkantleisten tut. Und eine Pyramide entsteht, wenn man einen Würfel diagonal halbiert. (Was die Farben und Lacke angeht, siehe Seiten 189 f.)

Aber bei aller Liebe zum Selbstgemachten: Die meisten Eltern werden es nicht schaffen, die Steine millimetergenau in denselben Größen zu fabrizieren. Damit aber ist der Wert des Baumaterials schon nach wenigen Monaten in Frage gestellt. Und sie werden sich dann doch entschließen, genormte Klötze zu kaufen. Für die meisten scheint es darum nicht besonders empfehlenswert, gerade dieses Spielzeug selbst herzustellen.

Neben diesen einfachen Holzbausteinen, die jedes Kind wirklich braucht, gibt es noch sehr viele Spezialbausteine zum Sortieren, zum Mosaike- oder Bilderlegen, für erste kleine Konstruktionen, die mit Stolz erfüllen. Während unserer Spielbeschreibungen weisen wir auch auf solche zusätzlichen Möglichkeiten hin.

Die ersten Bauspiele

170 **Berge, Türme, Mauern bauen.** Auf diese Spiele kommt jedes Kind irgendwann ganz von selbst. Wenn es sich – was selten vorkommt – tatsächlich überhaupt nicht für Bausteine interessiert, können Sie ja einfach mal still für sich zu bauen anfangen. Spätestens dann wird Ihr Nach-

Wunderbar, wie schnell mit den Big-Bau-Riesen eine Mauer hochwächst!

wuchs von Ihrem Spaß am Spiel angesteckt. Tun Sie das nie in dem Sinne: So geht das, schau, das kannst du auch... Zeigen Sie ihm nur, daß es Ihnen Spaß macht, mal dies, mal jenes zu bauen. Ihr Baustil soll das Kind ja nicht festlegen. Es soll bauen dürfen, was es mag.

Wenn Sie einen hohen Turm bauen, wird Ihr Kind oft zu Ihnen kommen, nicht etwa um Ihre Leistung zu bewundern, sondern nur, um Ihr Bauwerk umzustoßen, daß es nur so poltert. Und das begeistert! Mit Zerstörungswut hat das gar nichts

137

zu tun. Es ist die erste Möglichkeit für Kinder, an einer Baustelle Veränderungen zu bewirken. Einstürzenlassen ist nun mal einfacher als Aufbauen. Und außerdem macht das herrlichen Krach.

171 Bauen mit «Abfall». Man kann nicht nur mit Bauklötzen bauen, die eigens dafür gemacht sind. Man kann auch mit vielem bauen, das seine eigentliche Aufgabe bereits erfüllt hat: mit leeren Garnrollen, mit Filmrollendosen, mit Streichholzschachteln, Joghurtbechern... Wenn Sie Ihrem Kind diese neue Sichtweise erst einmal eröffnet haben, wird der junge Bauherr meist sehr erfinderisch. Also: Alles, was Ihnen zu wertvoll ist fürs Kinderspiel, muß nun außer Reichweite sein, Bücher zum Beispiel, Briefmarken- oder Fotoalben, Trinkgläser...

172 Laden und entladen. Neben Baumaterial braucht eine zünftige Bauunternehmerin zumindest noch einen Kipplaster, damit sie die Steine oder den Sand vom Steinbruch oder sonstwoher zur Baustelle transportieren kann. Den Wagen beladen, mit Last fahren, an der Baustelle mit großem Gepolter auskippen – das ist auch ein reizvolles Bauspiel. Technisch interessierte Kinder sind auch von Bagger oder Kran begeistert. Mit ihnen wird schon realistischer be- und entladen.

173 Sortieren. Mit seinen Klötzen lernt das Kind Farben und Formen kennen. Viele fangen irgendwann mal ganz allein an zu sortieren: alle roten Steine auf einen Haufen, alle gelben... Oder: alle Würfel, die roten, gelben, blauen wie die grünen auf einen Haufen, alle Quader, alle Walzen, alle Dächer...

Nach Farben, Formen und Größen sortieren bereitet logisches Denken vor

Weil Formen und Farben hier begrenzt sind, wird das dem Kind bald langweilig. Aber gleiche Dinge zu sehen und Ungleiches zu unterscheiden ist eine wichtige Voraussetzung für das spätere logische Denken. Darum läßt sich das Sortieren von Bausteinen auch durch spezielle Spielzeuge für dieses Alter noch unterstützen: Formenboxen sind kleine Kisten, in deren Wänden unterschiedlich geformte Löcher sind. Dazu gehören entsprechende Bausteine. Eine Kugel geht dann nur durch das runde Loch, ein Würfel nur durch das quadratische, ein «Osterei» nur durchs ovale... Das Kind vergleicht, versucht, scheitert, hat Erfolg, lernt.

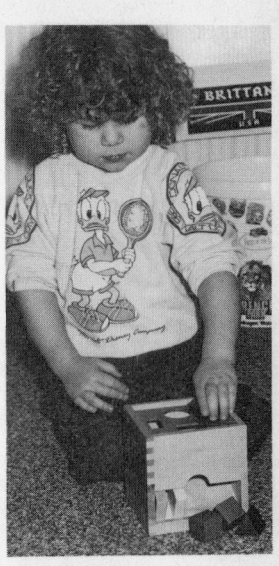

Würfel-, Becher- oder Faßpyramiden bringen ein neues Merkmal zum Sortieren ins Spiel: die Größe. Es gibt noch viele Angebote mehr, die alle sinnvoll sind. Natürlich kann das Kind auch nach Material unterscheiden. Sicher hat es Holz- und Kunststoff-Würfel. Das alles darf aber nie zu einem Trainingsprogramm entarten. Dem Kind macht Sortieren großen Spaß, aber nur dann, wenn es das tun kann, wann es will, wie lange es will, wo es will, womit es will und nach welchen Merkmalen es will. Sie können es darum nur spielend dazu herausfordern. Vielleicht spielt mal ein zweites Kind mit. Fragen Sie doch einfach, ob Frank diesmal alle Würfel haben kann oder alle Quader und zeigen Sie beiden Kindern einmal diese Form. Sie können auch vorschlagen, daß erst alle roten Steine zur Baustelle gebracht werden, dann alle blauen...

Marina ist sehr stolz, weil sie für alle unterschiedlich geformten Holzteile die jeweils richtigen Löcher in der Formbox findet (Selecta)

174 Figuren zusammensetzen. Es gibt eine «Erfinderbahn», bei der man seine Phantasie walten lassen kann. Sie sieht immer wieder ein wenig anders aus, je nachdem wie man die Steine zusammensetzt. Es gibt auch Komplizierteres: Ein Tier oder ein Clown ist aus entsprechenden Teilen aufzubauen.

175 Bilder legen. Bilderbaukästen haben ihren besonderen Reiz. Meist liegen sechzehn Würfel in einem Kasten. Natürlich wird das Kind auch mit ihnen Türme oder Mauern bauen. Aber es ist auch möglich, Bilder zusammenzusetzen. Sechs verschiedene, weil ja ein Würfel sechs Seiten hat. Das Kind muß dann also jeden Stein drehen und wen-

Aus dem Bilderbaukasten
muß jeder Stein gedreht und
gewendet werden, bis das
fertige Bild entsteht

den, bis es das passende Teil gefunden hat. Insofern ist das also ein bißchen schwieriger als das Puzzlen.

176 Erste Konstruktionen. Die allereinfachsten ersten Konstruktionen macht Nopper möglich. Das System besteht aus Kunststoff-Teilen, die im Bürstenprinzip aufeinandergesteckt werden können. Sie haften so gut, daß jedes Kind schnell zu Erfolgserlebnissen kommt.

Den ersten Steckbaukasten – für Kinder ab etwa 18 Monaten – liefert Lego mit DUPLO. Man kann diese Steine später zusammen mit Lego in einem Bauwerk gebrauchen. So werden sie nicht schon nach wenigen Monaten als «Babyspielzeug» ausrangiert.

Baukunst kann nur in Freiheit gedeihen!

Dem Kind geht es zunächst ausschließlich um das Bau-Erlebnis, weniger also um das Bau-Ergebnis. Das bedeutet: Dem Kind ist gar nicht so wichtig, was es da gebaut hat, sondern daß es was gestalten konnte. Es ist also nicht besonders förderlich, das Kind zu befragen, was das sein solle. Bewundern Sie einfach, was entstanden ist. «Du hast aber schön gebaut!» Loben Sie lieber die verwendeten Farben und Formen als die Tatsache, daß da ein Schloß entstanden sein könnte. Nur wenn ein Turm höher als sonst gelang, ist so ein konkretes Lob eines Ergebnisses fällig. Das bedeutet auch, daß es die Baulust nicht gerade steigert, wenn Erwachsene am Bauwerk herumkritisieren, etwa: «Du mußt die Steine gerade aufeinandertürmen, sonst stürzt das ein! Sieh mal, dein Turm ist ja ganz schief»... Auch Besserwisserei bremst das Vergnügen. Lassen Sie Ihr Kind die Grundgesetze der Statik und später der Dynamik doch selbst für sich entdecken. Das bringt Aha-Erlebnisse, die im Gedächtnis bleiben!

Das bedeutet auch: Geben Sie dem Kleinen

**Maja baut am liebsten
bäuchlings – mit DUPLO-
Steinen errichtet sie schon
wahre Wunderwerke**

bitte keinerlei Bauvorlagen. Fordern Sie es auch nicht auf, etwas Bestimmtes zu bauen. Ungefragt sollten Sie auch nicht aufzählen, was es alles bauen könnte.

Und wenn das Bauwerk dann fertig ist: Hindern Sie das Kind nicht daran, es zu zerstören, wenn es das möchte. Aber lassen Sie es unberührt stehen, wenn es der Vater abends noch bewundern soll (falls sich das Kind das wünscht) oder wenn das Kind mit dem Bau später oder auch erst morgen noch weiterspielen möchte.

Und gerade beim Bauen ist wichtig, was allerdings auch für andere Spiele gilt: Lassen Sie das Kind den Bau beenden, bevor Sie es aus dem Spiel reißen. Ein zweitesmal mit derselben Arbeit anzufangen, das macht schließlich auch Erwachsenen nicht besonders viel Spaß.

Die Kinder wollen selber entdecken, was beim Bauen alles entstehen kann: Vorlagen oder Vorschriften sind da ganz fehl am Platz

Greifen Sie also nur in das Bauspiel ein, wenn Sie das Kind darum bittet. Ansonsten bauen Sie einfach ab und zu mal ganz für sich. Wenn das Kind Lust hat, wird es Ihnen zuschauen und dann das eine oder andere nachmachen.

Wenn das Kind erleben darf, daß Bauen auch Ihnen Spaß macht, so fordert das viel mehr heraus als selbst die besten Vorschläge.

141

Kapitel 8

Mit Leib und Seele Farben entdecken

Wenn kleine Kinder malen, sind sie mit allen ihren Sinnen und mit dem Körper dabei. Wenn sie nur ein bißchen freien Raum haben, können sie dabei geradezu in einen Rausch geraten. Farben sind schön. Und das Gefühl, mit ihnen Spuren zu hinterlassen, aus leerem, nichtssagendem Papier ein Feld der Farbe, der Begeisterung machen, also einer Sache einen Inhalt geben, sie verändern zu können, das ist eine aufregende Entdeckung!

Der Umgang mit Farbe verfeinert die Motorik wie die Wahrnehmung und gibt dem Kind eine erste vage Ahnung von seiner Ausdruckskraft. Es spürt bereits, daß es da etwas schafft, was mit ihm selbst zu tun hat.

Darum ist es so wichtig, mit den Malereien sensibel umzugehen. Es ist fast so schlimm, wie eine Lieblingspuppe in den Müll zu werfen, wenn Eltern die Bilder, die das Kind gemalt hat, immer gleich achtlos wegwerfen, wenn sie sie stets nur als Schmierereien bezeichnen oder an ihnen nur dauernd herumkritisieren.

Schon das Krabbelkind ist sicher irgendwo und irgendwann mal an einen farbigen Stift gekommen und hat dann die Erfahrungen, Spuren zu hinterlassen, bereits auf einem gewiß dazu nicht gedachten Untergrund gemacht, zufällig zunächst, aber bestimmt begeistert.

Abgesehen davon machen die Kleinen solche Erfahrungen auch bei anderer Gelegenheit: Milch ist übergeschwappt oder Saft. Ein Finger zaubert aus dem Milchsee oder dem Safttümpel einen

143

Benjamin ist behindert. Anfangs malte er nur mit der gesunden Hand, hielt den anderen Arm weit weg von der Farbe ...

Fluß. Das Kleine steckt scheinbar unbedacht den Finger hinein und zieht die Pfütze versonnen in die Länge. Tatsächlich aber ist das nichts anderes als wenn es an einem Baustein nuckelt oder einen Ball wegwirft. Es erprobt eben, was es mit so einem «See» machen kann. Auch Kartoffelbrei eignet sich prima und Pudding, die teure Tagescreme von Mutters Toilettentisch und die Zahnpasta aus dem Bad, ja selbst die größeren und kleineren «Geschäfte», die eigentlich im Töpfchen bleiben sollten, lassen sich offenbar mit Wonne verschmieren!

In Abwandlung eines nicht ganz unbekannten Slogans könnte man sagen: Wenn Ihnen derlei widerfährt, dann ist das Fingerfarben wert.

Sind Fingerfarben gefährlich?

Seit Jahren verunsichert eine Diskussion über die Schwermetalle, die sich in Fingerfarben befinden sollen, die geplagten Eltern. Soviel darüber aber auch geredet worden ist; erst seit Mai 1988 ist

Farben entdecken

...plötzlich aber malte er den Stumpf an, und dann war jede Hemmung weg. Er stand den anderen nicht nach!

klar: In den Fingerfarben, die die Kinder vorrangig verwenden, also in der roten, gelben, blauen, weißen und grünen Fingerfarbe sind keine nennenswerten Dosen von Schwermetallen mehr enthalten. Solche finden sich heute ausschließlich noch in einigen Fabrikaten bei den Farben Braun und Schwarz. Diese sollten Sie also vorsichtshalber zunächst meiden. Das können Sie aber ohnehin ohne Verlust für das kindliche Vergnügen tun, denn die anderen Farben liebt das Kleine weitaus mehr.

Das Testergebnis ist übrigens in dem Taschenbuch »Öko-Test – Ratgeber Kleinkinder« abgedruckt (rororo sachbuch 8518).

Sicher ist: Fingerfarben bieten den besten Einstieg in das Malen für ein Kind. Denn hier hat das Kleine den direkten körperlichen Kontakt mit dem Material wie mit dem Untergrund. Und: Fingerfarben verlangen nach großen Formaten, nach Formaten also, die für den Anfang ideal sind. Schließlich: Fingerfarben haben die Leuchtkraft, die Kinder so fasziniert. Das bedeutet: Ab etwa

145

zwei Jahren spätestens braucht ein Kind Fingerfarben, besser noch früher.

Packpapier, die Rückseite alter Poster oder Tapetenreste eignen sich als Malgrund

Bieten Sie dem Kind anfangs nur eine Farbe an. Schon das macht es glücklich. Hat es dann mehr Erfahrung, kommt eine nach der anderen Farbe dazu. Aber sobald Sie mehr als eine Farbe hinstellen, sollten Sie stets immer nur kleine Mengen abfüllen, etwa in Deckel von Marmeladengläsern. Dann bleibt immer genug Farbe sauber, die auch ein nächstesmal noch zum Malen verlockt. Tun Sie das nicht, müssen Sie nämlich damit rechnen, daß im Nu alle Farben miteinander vermischt sind zu einem unansehnlichen Mix, das auch vom Kind dann kaum noch für ein neues Malen benutzt wird. Ein sehr kurzes und kostspieliges Vergnügen! Also: Immer kleine Mengen abfüllen!

Fingerfarben brauchen große Formate. Das heißt: Es müssen keine großen Bögen wertvollen Zeichenkartons sein! Packpapier, Tapetenreste, Rückseiten alter Poster tun das auch. Wenn ein Kind malt, malt es mit dem ganzen Körper. Das heißt: Auch die Kleidung wird «bemalt».

Jeder Finger wird einzeln in den Farbtopf getaucht – schließlich heißt das ja Fingerfarbe!

Fingerfarben sind teuer: Füllen Sie deshalb lieber kleine Mengen ab, z. B. in die Deckel von Marmeladengläsern

Darum: Im Sommer darf das Kleine vielleicht nackt im Garten malen oder auf der Terrasse, wenn es warm genug ist und Sie über so ein Paradies verfügen. Wenn nicht: Nackt in der Wohnung malen zu lassen ist riskant. Denn haben die Kleinen erst einmal entdeckt, daß sie auch den ganzen Körper einfärben können, geraten sie meist so außer Rand und Band, daß kein Teppich und kein Möbelstück mehr vor den Malversuchen sicher ist. Darum sollten Sie eine alte ausrangierte Hose zur Malerhose erklären und immer nur diese und diese nur zum Malen anziehen. Dazu ein altes Herrenoberhemd, das hinten geknöpft wird.

Falls Sie das nicht mögen: Sie können in Spielzeugläden auch kleine Plastik-Kittel kaufen, die denselben Dienst tun. Und es gibt seit neuestem sogar auch Ärmelschoner aus Kunststoff. Man sieht: Fingerfarben müssen heute in keiner Familie mehr tabu sein.

Es gibt übrigens auch Kinder, die das Matsch-Gefühl an den Händen nicht mögen. Denen kann man anfangs auch einen Pinsel in die Hand geben, der allerdings grob sein muß. Setzen Sie sich doch dazu, und malen Sie mit den Fingern. Ziemlich sicher fängt auch Ihr Kind dann irgendwann zaghaft an, das auszuprobieren.

Weitere Spiele zum Gestalten

177 **Wachsmalstifte.** Fingerfarben leuchten intensiver als Wachsmalfarben. Aber auch damit können Sie Einjährige schon hantieren lassen. Anfangs sind Wachsmalblöcke und Wachsmalbirnen noch besser, weil sie besser in der kleinen Hand liegen und nicht so leicht brechen. Dann, wenn sie geschickter geworden ist, folgen die Wachsmalstifte.

178 Farbige Fetzen. Mit Wonne zerreißt ein Kind farbige Papiere. Alte Versandhauskataloge eignen sich bestens. Vielleicht zeigen Sie Ihrem Kind, daß man farbige Fetzen auch zu einem Bild aufkleben kann. Das sollte es aber noch nicht allein tun. Denn Klebstoff führt in Mund und Nase zu sehr unangenehmen Erfahrungen, die man einem Kleinkind ersparen sollte! Wenn es – unter Aufsicht – selbst kleben will, dann eher noch mit einem Klebestift. Lutschen ist hier aber absolut tabu!

Ansonsten können Sie die Fetzen auch in ein durchsichtiges Gefäß schütten. Dann fest verschließen. Das Kleine kann es drehen und wenden, schütteln. Es hat am Farbenspiel bestimmt seine Freude.

179 Farben mischen. Ganz unabsichtlich passiert es bereits bei den Fingerfarben. Zufällig malt das Kleine Gelb auf Blau oder Blau auf Gelb: Grün ist entstanden. Machen Sie es auf diese kleine «Zauberei» aufmerksam. Das Kleine hat schließlich entdeckt, wie man sich mit wenigen Farben weitere selbst herstellen kann. Vielleicht geschieht das auch mal zufällig mit Rot und Blau (zu Violett) oder mit Gelb und Rot (zu Orange). Falls nicht: Vor allem das Orange sollten Sie dem Kind einmal vorführen. Diese Farbe, dem Rot eng verwandt, liebt es meist sehr.

Ein großer Fortschritt: Das Kind kann jetzt nicht nur einen weißen Untergrund durch Farben verändern, es kann nun auch schon Farben verändern. Das eröffnet nach und nach sehr viele zusätzliche Gestaltungsmöglichkeiten!

180 Farbkreisel. Als optische Täuschung entsteht eine Farbmischung auch beim Farbkreisel. Den können Sie sich leicht selbst herstellen. Eine riesige Holzperle (Bastelgeschäft) mit Rot anmalen (siehe Seite 26). Stecken Sie durch das Loch ein Stück Rundstab, der oben 2 cm, unten 1 cm rausragt. Bekleben Sie die Perle mit gelben Markierungspunkten (Bürofachgeschäft).

Sie fassen das längere Ende mit Daumen und einem oder mit zwei Fingern und kreiseln ihn. Der optische Eindruck: Orange.

Reizvoll sind natürlich auch blaue Kreisel mit gelben Punkten, gelbe Kreisel mit blauen Punkten, gelbe Kreisel mit roten Punkten, rote Kreisel mit blauen Punkten, blaue Kreisel mit roten Punkten.

Das Kleine wird den Kreisel zunächst noch nicht selbst in Drehung versetzen können. Aber es wird das wieder und wieder versuchen, bis es das schließlich doch schon kann.

181 Farbiges Kneten. Matschen ist herrlich. Teig ist wunderbar zum Kneten und Formen. Aber die meisten Mütter möchten ihre Kinder bestimmt nicht dazu anleiten, mit Nahrungsmitteln zu spielen. Darum ist bei vielen sogar Salzteig tabu.

Nach »Öko-Test – Ratgeber Kleinkinder« erwiesen sich folgende Knet- und Modelliermassen als für Kleinkinder nicht unbedenklich: Herlitz Knete, Knubbi Knetgummi (Faber), Läuferin (Läufer-Werke), Nakiplast (Pelikan), Plastilin (Pelikan). Die betroffenen Hersteller und das Bundesgesundheitsamt beschlossen daraufhin, einen Warnhinweis »Kein Kinderspielzeug« auf die Verpackung zu setzen...

Auch bei der Knete gilt: Erst eine Farbe geben und bei der zweiten darauf achten, daß sie sich gut mit der ersten mischen läßt

Auch hier gilt, wie bei Fingerfarben: Geben Sie dem Kleinen zuerst nur eine Farbe. Sonst werden Knetmassen schnell zu einem unansehnlichen Klumpen, der auch dem Kind keine Freude mehr macht. Wenn Sie nach einer Weile zwei Farben geben wollen, wählen Sie eine zweite, die sich mit der ersten gut zu einer neuen mischen läßt. Geben Sie also zuerst Rot, legen Sie dann Gelb dazu.

Erwarten Sie noch keine realistischen Werke. Und drängen Sie das Kleine auch nicht, Ihnen das Gebilde als «Hund» oder «Baum» zu deuten. Höchstens einen Ball kann ein Ein- bis Zweijähriges realistisch hinkriegen, wenn auch nicht ganz exakt kugelrund.

Bedenken Sie also stets, daß es dem Kind auch

hier – wie beim Malen und beim Bauen – auf das Erlebnis ankommt, nicht auf das Ergebnis, so wie beim Spaziergang der Weg wichtig ist, noch kaum das Ziel.

Ein Farbwunder! Diese Schwimmtiere verändern im warmen Wasser ihre Farben! (Bienengräber)

In diesem Jahr sollte das Kleine beim Gestalten eigentlich nur erfahren, daß es etwas verändern, gestalten kann. Es sollte oft Gelegenheit haben, mit dem Material zu spielen, seine Möglichkeiten zu erproben. Und es sollte erfahren, wieviel Freude es macht, seine Phantasie und seine Gefühle mit Farben aufs Papier zu bringen oder durch ein Gebilde zum Ausdruck zu bringen. Für alles Weitere hat es noch viel, viel Zeit!

Sind Mal- und Zeichenverse zeitgemäß?

Wer kennt ihn nicht, den alten Spruch fürs Zeichnen:
> Der Mond ist rund, der Mond ist rund,
> er hat zwei Augen, Nas und Mund.

Nach allem, was in den vorigen Abschnitten gesagt wurde, kann das kein vorbildlicher Zeichenvers sein. Denn hier wird nicht nur vorgegeben, was gemalt werden soll, sondern auch noch wie. Denn auf die Idee, einem Mond Augen, Nase und Mund zu malen, kann ein unvoreingenommenes Wesen nicht kommen. Denn er hat ja keine.

Malverse haben aber einen guten Sinn: Ihr

Rhythmus überträgt sich auf die malende Hand,
befreit sie aus der Verkrampfung. Also: Malverse
sind schon gut. Vielleicht sollten Sie es mal mit solchen versuchen:

182 Gelb sind der Mond und die Sterne,
ja, Gelb hab ich gerne.

✳

Rot wie im Meer die Korallen,
ja, Rot kann mir gefallen!

✳

Blau wie Heidelbeeren,
den Topf will ich leeren!

✳

Denk dir, ich kann mir aus Gelb und Blau,
ein Grasgrün zaubern, schau nur, schau!

✳

Wenn Rot und Blau zusammenfließen,
kann ich das Violett genießen!

✳

Aus Rot und Gelb hab ich gemacht
Orange, wer hätte das gedacht?

✳

Natürlich soll das Kleine solche Verse nicht auswendig lernen. Ihr Sinn ist, Farben und Rhythmen
zusammenzubringen. Sprechen Sie solche oder
ähnliche Verse überbetont rhythmisch, und bewegen Sie Ihre Hand im Sprachrhythmus. Das Kind
wird noch einen Anreiz mehr haben für das Malen.
Und später, wenn es im Kindergartenalter ist, wird
ihm das Malen zur Musik nichts Fremdes mehr
sein. Und das wird – mehr noch als das Malen zu
Versen – verhindern, daß der wunderbare
Schwung des Kindes verlorengeht.

Der Versrhythmus überträgt sich auf die malende Hand, befreit sie aus der Verkrampfung

Kapitel 9

Die schönsten ersten Bilderbücher

Ein Buch für Einjährige? Bei dieser Frage zuckt manch ein erfahrener Buchhändler ein bißchen hilflos mit den Schultern. Kein Wunder: Die meisten Titel für die Allerkleinsten gibt es auch heute noch in Spielzeugläden und in Warenhäusern. Das hat seinen guten Grund. Diese Bücher müssen nämlich immer auch noch Spielzeug sein.

Die ersten Bücher können aus textilem Gewebe, aus Kunststoff, aus Holz oder aus Pappe sein

Für das Baby ist ein Buch zunächst nur ein Ding, das es – wie alle anderen Dinge auch – nach allen Regeln seiner Kunst untersucht. Das Kleine ergreift es, nuckelt an ihm herum, dreht und wendet es, um es von allen Seiten zu betrachten, wirft es weg und holt es sich wieder... bis es endlich zufällig einmal etwas entdeckt: In Büchern kann man blättern. Und damit ist dann ein herrliches neues Spiel erfunden. Nicht daß Sie meinen, das Kleine interessiere sich nun sofort brennend für all die Bilder! Weit gefehlt: Es blättert das Buch von vorn nach hinten und von hinten nach vorn. Die Aktion ist ihm wichtig, manchmal – wenn das Buch aus Pappe besteht – werden auch vor lauter Aufregung immer gleich mehrere Seiten auf einmal umgeschlagen. Und wenn Sie das Kind einmal auf eins der Bilder aufmerksam machen wollen, begreift es überhaupt nicht, warum Sie es bei seinem Spiel stören.

Wie die meisten Spielzeuge auch, können Bücher für die Kleinen aus unterschiedlichem Material sein: aus textilem Gewebe, aus Kunststoff, aus Holz oder aus Pappe. Immer müssen sie den oft nicht gerade zaghaften Untersuchungsmethoden des Kindes gewachsen sein, also möglichst aus unzerreißbarem Material in widerstandsfähiger Bindung.

Wollen Sie ein Halbjähriges schon mit seinem ersten Buch beglücken, muß es ganz weich sein, damit es sich nicht stößt, also aus textilem Gewebe oder aus weichem Kunststoff. Im Krabbelalter begeistert ein Album aus Holz, und auch die festen Pappe-Bücher werden dann interessant.

Wörter sammeln und vergleichen

Im zweiten Lebensjahr beginnen die Kinder die Bilder genauer anzuschauen. Ist Vertrautes zu sehen, so wird das oft mit Jubelschrei begrüßt: «Wauwau!», «Auto», «Fieger», «Nane», «Mich», «Teddy»... So helfen die ersten Bilderbücher dem Kleinen, erst mal Inventur zu machen in seinem Wortschatz. Stößt das Kind dann auf das Bild von Unbekanntem, geht das Fragen los: «Is das?» Nun will es neue Wörter sammeln. Dazu braucht es elterliche Hilfe und außerdem Bücher besonderer Art: Jede Seite soll nur einen Gegenstand zeigen. So sind Mißverständnisse leichter auszuschließen. Wichtig ist auch, daß diese Tiere und Dinge realistisch abgebildet sind. Ein rosa Elefant zum Beispiel oder eine lila Kuh verwirrte das Kind. Daß man mal nur so zum Spaß oder auch aus Gründen der Kunst von der Wirklichkeit abweichen möchte, kann nur einer nachvollziehen, der die Wirklichkeit schon kennt.

183 Vergleichsspiele. Anfangs passiert es dem frisch geschlüpften Bücherwurm, daß er das Bild eines Tieres oder eines Gegenstandes mit dem Tier selbst oder dem Gegenstand verwechselt. So streichelt er das Bild der Katze und gibt dem Bild vom Teddy ein Küßchen... Es ist ja aber auch ein riesengroßer Schritt, den Unterschied zu erkennen! Sie können Ihrem Nachwuchs aber dabei helfen:

Holen Sie zum Abbild des Balles einen Ball des

So gewinnt schon ein Baby Freude am Buch: ein Leporello, das alles verträgt, das Zerren und Reißen wie das Knautschen und Beißen!

Kindes. Da ist der Gegenstand – hier das Bild. Ein Ball – ein Bild vom Ball. Legen Sie den Bären oder die Puppe neben die Bilder, die diese Spielzeuge zeigen! Das Kleine kann die Unterschiede natürlich noch lange nicht beschreiben, aber einige von ihnen erkennt es bestimmt.

Noch besser wäre es natürlich, wenn Sie mehrere Bälle oder mehrere Puppen herbeischaffen und neben das eine Bild von Ball oder Puppe legen könnten. Sie sehen alle verschieden aus. Das Bild muß nur die wirklich wesentlichen Merkmale zeigen, also: Ein Ball hat Kugelform. Ob er rot oder schwarz-weiß oder auch geringelt gemustert ist – das ist nicht wichtig. Ein Ball ist er dann allemal.

Die Puppe hat einen Kopf mit einem Gesicht, das dem des Menschen gleicht, einen Rumpf, zwei Arme und zwei Beine. Das sind die wichtigen Merkmale, die auch auf dem Bild erkennbar sind. Ob die Puppe nun bekleidet ist oder nicht, aus welchem Material sie besteht, das ist nicht wesentlich. Darin weicht das Bild dann auch von der Wirklichkeit des Kindes ab.

Solche Gedankengänge kann das Kleine allerdings erst viel später gehen. Aber bei solchen – natürlich seltenen – Vergleichsspielen hat es die Chance, daß in ihm schon eine Ahnung keimt vom Unterschied zwischen der Wirklichkeit und der Abstraktion.

Ein paar Titel, die sich zum Wörtersammeln und Vergleichen besonders gut eignen:
● «Mein Kuschelbuch», vier verschiedene Titel, Carlsen Verlag, Reinbek; je 8,80 DM. Das Besondere: Sie sind ganz weich, denn sie bestehen aus textilem Gewebe.
● «Babys Bilderbuch», Fisher Price, Brühl; 10,50 DM. Das Besondere: Es besteht aus Kunststoff, ist also voll abwaschbar. Und es quietscht, was die Kleinen entzückt.
● «Häschen hüpf – in acht Fahrzeuge», Bieco, Hamburg; 14,90 DM. Das Besondere: Es besteht aus Kunststoff, ist also voll abwaschbar. An ihm hängt ein kleiner Kunststoffhase, der quietschen

Erste Bilderbücher

Ein erstes Buch zum Verändern: Das Kleine kann den Hasen in jedes der abgebildeten Fahrzeuge setzen (in einen Spalt schieben)

155

Ein neues Material für Bücher: Holz. Inzwischen gibt es viele Titel

und den man bei jedem Bild in einen Schlitz schieben kann, so daß er im Feuerwehrauto oder auf der Karre fahren, im Flugzeug fliegen oder auf dem Boot segeln kann. Ein herrliches Spielbuch!

● «Mein Badebuch», zwei Titel, Carlsen Verlag, Reinbek; je 7,80 DM. Das Besondere: Es besteht aus Kunststoff, und weil es keine Stimme besitzt, kann es auch unbeschadet mit in die Wanne.

● «Holzbilderbücher», zehn verschiedene Titel, Mangold Verlag, Graz; 24,80 DM. Das Besondere: Wie der Titel bereits sagt: Sie bestehen aus Holz. Aber: Suchen Sie nur Titel aus, in denen alle Tiere auch realistisch gefärbt sind, damit Sie den Nachwuchs nicht irritieren.

● «Fahrzeuge», «Reise», «Landleben» und «Bären», Selecta-Alben, alle 10 cm × 10 cm groß, Selecta, Kirchseeon; ca. 10,– DM. Das Besondere: Es sind Holz-Alben, die schon Geschichten erzählen, die mit dem Kind an sich nichts zu tun haben.

● Bücher aus Pappe: «Tiere auf dem Bauernhof», «Tiere im Wasser», «Haustiere», «Tiere in der Wiese», «Tiere im Wald», «Zootiere» – alle von Heiderose und Andreas Fischer-Nagel, Otto Maier Verlag, Ravensburg; je 5,80 DM. Pappe. Das Besondere: Alles wunderschöne Farbfotos.

● «Obst und Gemüse» von Gabriele Lorenzer, Otto Maier Verlag, Ravensburg; 9,80 DM. Das Besondere: Brillante Farbfotos vor einfarbigem Hintergrund.

● «Baby-Serie», sechs Titel, Otto Moravec Bilderbuchverlag, Wien; je 7,80 DM. Das Besondere: Sehr schlichte Strichzeichnungen vor einfarbigem Hintergrund. Ringbuchbindung (besonders stabil).

● «Mein erstes Buch» von Hermann Wernhard, Otto Maier Verlag, Ravensburg; 16,80 DM. Allerdings: Das Buch steckt in einer «Babybox», die außerdem noch eine Holzrassel enthält, nämlich genau die, die auf einer der Buchseiten auch abgebildet ist. Eine sehr hübsche Idee!

Erstes Erzählen

Nach und nach dürfen nun auch mehrere Tiere
oder mehrere Gegenstände auf einer Seite abgebildet sein. Allerdings sollte etwas noch klar erkennbar die Hauptrolle spielen. Das ist dann das
Kind, das Tier oder das Ding, von dem die Geschichte handelt, die dazu passen könnte. Auch
von solchen Büchern gibt es eine reiche Auswahl.
Hier einige der schönsten:
● «Dies und das aus meiner Welt», «Komm mit»,
«Steig ein!», «Muh macht die Kuh» und «Heut
gehn wir in den Zoo», alle von Margret Rettich,
Friedrich Oetinger Verlag, Hamburg; je 6,80 DM.
Das Besondere: Da ist die Umwelt des Kindes abgebildet. Es kann dazu also immer auch Geschichten hören oder selbst erzählen, die es selbst be-
treffen.

**Bilderbücher kann kein
Kind je genug haben! So
viele Themen reizen, so viele Stile faszinieren! Maja
genießt ihre Schätze**

● «Am Strand», «Auf dem Bauernhof», «Im Garten» und «In der Stadt», alle von Roselinde Kight-
ley, Annette Betz Verlag, Wien; je 6,80 DM.
● «Spielen», «Baden», «Essen und Trinken»,
«Vor dem Einschlafen», Pestalozzi Verlag, Erlan-

157

gen; je 6,80 DM. Das Besondere: Hier kann das Kind alles das noch einmal nacherleben, was es Tag für Tag tut.

● Die Fanti-Bücher «Kribskrabs», «Hier kommt die Maus», «Guten Morgen, Teddybär!», «Mein Zoo» und «Meine Tiere», Coppenrath Verlag, Münster; je 7,60 DM. Pappe. Ringbindung (besonders stabil). Auch hier tauchen schon Geschichten auf, die, losgelöst vom Kind, für sich stehen.

● «Plüsch hat Geburtstag», «Plüsch im Garten», «Plüsch kauft ein», «Plüsch geht spazieren», Carlsen Verlag, Reinbek; je 6,80 DM. Das Besondere: Plüsch ist ein Teddy, der dieselben Handlungen vollzieht wie das Kind selbst. Er ist also auch eine erste Identifikationsfigur im Buch.

Bücher zum Staunen und Spielen

Leporellos nennen die Experten das Angebot an Bildern, die man nicht blättern, sondern auseinanderziehen kann. Es gibt Leporellos, bei denen auf jeder Seite immer nur ein Gegenstand abgebildet ist. Dagegen ist nichts zu sagen. Ihren vollen Reiz aber entfalten sie, wenn sie auseinandergezogen und aufgestellt eine Kulisse zum Spielen abgeben, die Kulisse einer Stadt, eines Dorfes, einer Landschaft.

Einige der schönsten:
● «Spielzeug-Dorf» und «Spielzeug-Stadt» von Klaus Bliesener, Otto Maier Verlag, Ravensburg; je 9,80 DM.

● «Spaziergang im Wald» und «Spaziergang am Ufer», Carlsen Verlag, Reinbek; je 7,80 DM. Das Besondere: Auf jeder Rückseite wird eins der Tiere einzeln vorgestellt, die vorn im Panorama zu entdecken sind.

● «Die Bremer Stadtmusikanten», Zickzackbüchlein, Ernst Kaufmann Verlag, Lahr; 1,– DM (9,5 cm × ausgefaltet 70 cm). Vor dieser Kulisse können Sie mit ein paar Holztieren schon ein erstes Märchen «aufführen».

Mit manchen Büchern kann das Kind – immer mit der Hilfe eines Erwachsenen oder erheblich älteren Kindes – die Bilder des Buches verwandeln. Das ist ein Riesenspaß, aber einer für das Ende des zweiten Lebensjahres und später.

Hier ein paar der reizvollsten für den Anfang:

Jetzt zeigt Ihr Kind schon ein bißchen Sinn für Witz und Überraschung

● «Welches Tier wohnt hier?», «Welches Tier frißt hier?» und «Welches Tier schwimmt hier?» – drei von vielen Verwandlungsbüchern aus dem Carlsen Verlag, Reinbek; je 9,80 DM. Das Besondere: Jede Doppelseite stellt zunächst eine Frage. Da ist rechts ein Vogelkäfig abgebildet, links sind neben einem Papagei noch ein Bär, eine Katze und ein Schaf zu sehen. Wer von ihnen wohnt im Käfig? Weiß das Kind die Antwort, kann es die Lasche in die mit einem Pfeil vorgegebene Richtung ziehen und es erscheint ein neues Bild: Der Papagei sitzt im Käfig.

● «Im Drachenland», aus der Reihe der Zickzackbüchlein, Ernst Kaufmann Verlag, Lahr; 1,– DM (9,5 cm hoch und ausgezogen 70 cm lang). Merkwürdige Drachen bewegen sich ja da durch die Landschaft! Wenn das Kind mal einige Seiten wegfaltet, sehen sie anders aus! Viele Möglichkeiten, und eine zeigt jeden Drachen, wie er tatsächlich in diesem Drachenland hausen soll.

● «Eisenbahnlokobahnmotive» von Ursula Zander, «Ladenstraße» von Sabine Banaschek, «Zirkus Jongulu» von Brigitte Smith und «Hinter Zwergenbergen» von Pieter Kunstreich, alle von Patmos-Schwann, Düsseldorf; je 19,80 DM. Da sind jeweils neun doppelt bedruckte Karton-Farbtafeln im Schuber (20,5 mm × 20,5 mm), die zusammengelegt ein Riesenbild ergeben. Man kann die insgesamt 18 Bilder ganz unterschiedlich zusammenlegen. Zweijährige haben bereits Spaß, und Achtjährige machen meist noch begeistert mit.

Das ist schon eine große Auswahl gut geeigneter Titel. Sie sollten Ihrem Kind aus jeder Gruppe ein paar gönnen. Bedenken Sie: Spielzeug kann ein Kind zuviel haben – Bücher hat es nie genug!

Kapitel 10

Erstes Spielen auf dem Spielplatz

Kann Ihr Kind sicher frei laufen, möchten Sie, gutes Wetter vorausgesetzt, bestimmt auch mit ihm zum Spielplatz. Da kann es rennen und schreien nach Herzenslust, ohne daß Sie Ärger mit Nachbarn befürchten müssen. Ist es ein Einzelkind und sind Sie mit ihm noch nicht in einer Kindergruppe, so bietet der Spielplatz auch die erste beste Gelegenheit, mit anderen Kindern in Kontakt zu kommen. Und auch Sie selbst lernen dort vielleicht Mütter mit Kindern im Alter Ihres Nachwuchses kennen.

Prüfen Sie, ob Ihr Spielplatz kleinkindsicher ist

Den ersten Besuch auf dem Spielplatz sollten Eltern allein machen. Prüfen Sie selbst, ob der, den Sie sich ausgesucht haben, wirklich kleinkindsicher ist. Nehmen Sie dabei getrost unsere Liste zur Hand. Wer kann schon so viele Gefahrenpunkte im Kopf behalten (siehe Seite 167)? Prüfen Sie gleich alle Punkte, auch wenn Ihr Kind anfangs vorwiegend im Sand spielen und außerdem nur wenige Geräte benutzen wird. Hat es sich nämlich erst einmal an diesen Platz gewöhnt, möchte es nicht plötzlich zu einem anderen wechseln. Und es ist auch schwierig, ein bestimmtes und nicht sicheres Gerät zum Tabu zu erklären. Also: Ehe Sie mit dem Kind zum Spielplatz gehen, sollten Sie sich überzeugt haben, daß er kleinkindsicher ist.

Ihr erster Besuch mit dem Kind muß nicht groß angekündigt werden. Sie gehen einfach auf einem Spaziergang mal vorbei, schauen mit dem Kleinen eine Weile zu, wie die anderen Kinder dort spielen und turnen. Möchte das Kleine auch gleich in den

Sand, zaubern Sie natürlich Schaufel und Eimer aus Ihrer Tasche, die Sie für alle Fälle schon eingesteckt hatten. Möchte Ihr Kind noch nicht zu den anderen, dann gehen Sie wieder, als hätten Sie das gar nicht anders geplant. Einige Tage später fragen Sie das Kind, ob es wieder einmal auf dem Spielplatz zuschauen will. Sicher möchte es das. Vielleicht traut es sich diesmal schon, dort auch zu spielen. Bleiben Sie aber nah bei ihm. Nach einigen Spielplatzbesuchen können Sie sich dann sicher schon mal auf die Bank zu den anderen Müttern zurückziehen.

Die ersten Spiele im Sand

184 **Sand schaufeln.** Fast immer wollen die Kleinen zuerst vor allem schaufeln. Eine Schippe ist darum ein Muß. Allerdings: Sie werden sie nicht immer benutzen. Ein Kind entdeckt schnell, daß man auch mit den Händen schaufeln kann. Ein seltsames Gefühl, wenn der trockene Sand durch die Finger rieselt. Nassen Sand kann man mit den Händen, ja mit beiden Armen zu Bergen zusam-

Der höchste Genuß: Körperkontakt mit dem Sand

Es ist kühl und naß. Aber Mirko kann es nicht lassen: Einen Augenblick möchte er trotzdem in die Sandkiste ...

menschieben. Das Schönste am Sand ist zuerst der direkte Kontakt des Körpers mit ihm. Darum sollten Sie, wenn es warm genug und der Sand trocken und nicht besonders verschmutzt ist (keine Scherben, kein Hundekot!) das Kleine ruhig auch barfuß darin laufen lassen.

185 Sand einfüllen. Der Sand wird in den Eimer gefüllt und wieder ausgeschüttet. Das kann so ein kleines Kind ganz schön lange machen, ohne sich zu langweilen. Dann kommt ein Kipplaster ins Spiel, der beladen ein Stück gefahren und wieder geleert wird. Geschicktere Kinder können auch schon bald Sand mit einem Bagger auf den Laster laden. Das ist schon eine recht komplexe Aufgabe.

186 Sand sieben. Ein Sieb ist eine erstaunliche Sache: Füllt man den Sand da ein, rieselt der feine Sand durch, und oben im Sieb bleiben Steinchen, kleine Zweige und anderes, was nicht durch die Maschen paßt, liegen. Das will das Kind wieder und wieder beobachten. Dann läßt sich das ins Spiel einbauen: Auf den Laster soll nur der feine Sand. Oder in den Zementmischer soll nur feiner Sand und etwas Wasser. Übrigens: Etwas Wasser braucht ein Kind, das im trockenen Sand hockt, der ja nicht pappt und mit dem man nicht so sehr viel anfangen kann. Befindet sich auf dem Spielplatz keine Zapfstelle (was bedauerlicherweise allzuoft der Fall ist!), dann bringen Sie doch eine Sprudelflasche voll Leitungswasser mit. Das reicht schon.

Es ist einfach nicht zu vermeiden, daß auch Ihr Kind einmal Sand ißt

187 Sand backen. Daß sich feuchter Sand in Form bringen läßt, ist auch eine verblüffende Angelegenheit. Die Sandform wird mit feuchtem Sand gefüllt, der dann ganz festgedrückt wird. Die Form wird umgestülpt – ein herrlicher «Kuchen» ist fertig. Apropos Kuchen: Es ist kaum zu vermeiden, daß Ihr Kind auch mal Sand in den Mund steckt. Keine Panik! Wenn Sie sich davon überzeugt haben (siehe Liste), daß der Sand regelmäßig ausgetauscht wird und wenn er auch nicht besonders verdreckt wirkt, wird es wohl nicht schlimmer sein als bei anderen Dingen, die schneller im Mund des Kleinen verschwinden, als Sie eingreifen können.

188 **Mit Sand bauen.** Für das freie Bauen im Sand muß ein Kind im allgemeinen älter als zwei Jahre sein. Vielleicht schaut es anderen älteren Kindern manchmal zu, vielleicht macht es ihnen das eine oder andere auch schon mal nach.

Später werden dann Berge entstehen, durch die Tunnel führen oder auf die hinauf sich Serpentinenstraßen winden. Burgen, Staudämme, Zoomauern sind möglich... Oft werden dann Spielzeuge mit in die Sandkiste genommen, die zunächst nicht dafür gedacht waren, Modellautos etwa, Holztiere oder Playmobilfiguren zum Beispiel. Lassen Sie das möglichst zu. Das erlaubt phantasievolle Spiele im Sand, die schon erste Rollenspiele werden.

Meist spielen die Kleinen noch nur nebeneinander, nicht miteinander

Wundern Sie sich nicht, wenn Ihr Kind noch nicht so kooperativ mit anderen Kindern spielt, wie Sie sich das vielleicht gedacht haben. Sicher, auch im zweiten Lebensjahr nimmt ein Kind ein anderes wahr, vielleicht weil es ein interessantes Spielzeug hat, was es auch haben möchte, vielleicht auch, weil es etwas Ihrem Kind noch Unbekanntes tut. Da kann es dann auch zu Streit kommen, bei dem Sie in diesem Alter noch fast immer als Friedensstifter eingreifen müssen. Ansonsten aber spielen Ein- bis Zweijährige mehr nebeneinander her, nicht miteinander.

An Geräten spielen

Auf dem Spielplatz ist mehr als nur ein Sandkasten. Zunächst wird Ihr Nachwuchs die anderen Kinder daran nur bewundern, ihnen zuschauen, staunen. Aber es wird nicht lange dauern, bis er Rutsche, Wippe und Schaukel auch selbst erobern möchte.

189 Rutschen. Einen besonderen Reiz üben die Rutschbahnen aus. Vielleicht gehen Sie mit Ihrem Kind ab und zu ins Schwimmbad, und vielleicht haben Sie das Glück, daß dort auch eine ganz kurze, kurvenfreie Rutsche ins Wasser führt, die für die Allerkleinsten gedacht ist. Dort können Sie meist mit dem Kind – zwischen den Oberschenkeln halten! – zusammen hinunterrutschen. Diese Möglichkeit gibt es auf dem Spielplatz nicht. Dort ist es nämlich Menschen, die älter als zwölf, vierzehn oder fünfzehn Jahre alt sind, meistens untersagt, die Geräte zu benutzen. Wenn das Kleine also nicht schon aus dem Bad das Rutschvergnügen kennt, bitten Sie ein Kind an der oberen Altersgrenze, mit Ihrem Kind ein paarmal zusammen hinunterzurutschen. Zeigen Sie ihm, wie es das am besten machen kann. Es ist meist nicht schwer, einen jungen Teenie zu finden, der stolz darauf ist, daß Sie ihm diese Verantwortung übertragen.

Ansonsten setzen Sie das Kleine anfangs an einen Punkt der Rutsche, von dem aus es nur einen Meter oder zwei Meter rutscht. Bald will es sicher ganz allein von ganz oben hinuntersausen. Fangen Sie es dann anfangs unten noch auf, bis es ganz sicher geworden ist. Lassen Sie es ruhig alles ausprobieren: Vorwärts und rückwärts rutschen, bäuchlings oder auch auf dem Rücken liegend. Trichtern Sie ihm aber ein, daß rutschende Kinder Abstand halten müssen!

190 Wippen. Auf manchen Spielplätzen gibt es kleine Wipp-Pferde für die ganz Kleinen (auf großen Metallfedern). Darauf kann schon ein Kind wippen, das noch gar nicht laufen kann. Und es vergnügt sich köstlich dabei.

Auf der «großen» Wippe müssen Sie dann wieder schrittweise vorgehen. Anfangs muß einer das Kind halten, ein zweiter drückt auf der anderen Seite den Balken hinunter, hebt ihn an. So bekommt ein Kind erst einmal ein Gefühl dafür, was man mit so einer Wippe machen kann, was man beim Wippen empfindet. Dann können zwei

Rutschen ist ein berauschendes Vergnügen! Unten steht die Mutti, um Marina aufzufangen – denn ein bißchen Angst ist noch dabei!

Ein Kind muß sich schrittweise an die Geräte gewöhnen. Dabei kann ihm auch ein älteres helfen

kleine Kinder – auf jeder Seite eins, das gut von Mutter oder Vater gehalten wird – wippen. Allein mit anderen Kindern wippen, das können meist erst Dreijährige.

191 **Schaukeln.** Schaukeln ist herrlich. Auch hier müssen Sie zumindest bis zum dritten Geburtstag Hilfestellung geben. Sanft anfangen! Und erst wenn Sie merken, daß Ihr Kind es gern wilder hätte, stoßen Sie kräftiger ab.

192 **Balancieren.** Balancierscheiben sind natürlich noch viel zu gefährlich. Balancieren kann so ein Kleines auf dem Spielplatz nur, wenn es dort einen Balken gibt, der auf dem Boden liegt oder nicht mehr als dreißig Zentimeter vom Boden entfernt ist.

Noch ein wichtiger Rat: Achten Sie auf die Gefahrenzonen der Geräte: Ihr Kind kann noch nicht erkennen, wann eine Schaukel angeflogen kommt oder wann ein Kind gleich aus der Rutschbahn springt!

Ist Ihr Spielplatz kleinkindsicher?

Die Spielplätze sind heute schon besser als ihr Ruf. Dank der unermüdlichen Bemühungen von Eltern und Gemeinden sind sie – insgesamt betrachtet – nachweislich sauberer und sicherer geworden. Trotzdem gibt es nie einen Anlaß zur Entwarnung: Denn immer wieder gibt es Schäden an Spielgeräten, Dreck im Sandkasten und sogar ab und an noch Giftpflanzen in Spielplatznähe. Darum müssen Sie den Spielplatz, den Sie mit Ihrem Kind besuchen, immer wieder einmal unter genauen Augenschein nehmen, wenn Sie mit ruhigem Gewissen zuschauen wollen, wie Ihr Kind auf dem Spielplatz spielt.

Das sind die 14 Fragen, die Sie möglichst alle bejahen sollten:

1. Haben alle Geräte, von denen Kinder aus mehr als zwei Metern Höhe fallen können, weiche Untergründe, also Sand oder elastische Dämmlatten? ja ☐ nein ☐
2. Sind an allen Geräten Ecken und Kanten abgerundet? (Achten Sie auch besonders auf die Rutschen-Enden!) ja ☐ nein ☐
3. Haben Sie sich davon überzeugt, daß keine Metallteile angerostet und keine Taue angescheuert sind? ja ☐ nein ☐
4. Sind alle Holzteile splitterfrei und frei von Spaltrissen?
   ja ☐ nein ☐
5. Haben Sie sich davon überzeugt, daß nirgendwo Nägel oder Schrauben herausschauen? ja ☐ nein ☐
6. Ist der Abstand von schwingenden Teilen, etwa Schaukeln, zu Mauern, Bäumen oder anderen Spielgeräten mindestens zwei Meter? ja ☐ nein ☐
7. Sind die Kettenglieder bei Schaukeln und anderen Geräten höchstens 6 mm breit, so daß keine Gefahr fürs Einquetschen von Kinderfingern besteht? ja ☐ nein ☐
8. Sind die Schaukeln sicher und stabil befestigt, so daß z. B. die Ketten nicht reißen können? ja ☐ nein ☐
9. Ist das Geländer der Rutsche zumindest 15 cm hoch?
   ja ☐ nein ☐
10. Haben Sie sich davon überzeugt, daß die Rutschbahn keine spitzen Winkel besitzt, in denen kleine Kinder hängenbleiben und von nachrutschenden Kindern verletzt werden können? ja ☐ nein ☐
11. Haben alle Wippen dämpfende Aufschläge (etwa Reifenteile)?
    ja ☐ nein ☐
12. Ist dafür gesorgt, daß der Sand im Sandkasten zumindest einmal im Jahr ausgetauscht wird? ja ☐ nein ☐
13. Haben Sie sich davon überzeugt, daß keine Giftpflanzen um den Spielplatz herum stehen? ja ☐ nein ☐
14. Ist das Gelände ausreichend vor der Straße geschützt (z. B. durch eine dichte Hecke), so daß die Kinder nicht plötzlich vor ein Auto rennen können? ja ☐ nein ☐

Jeder Frage, die Sie heute noch mit «Nein» beantworten müssen, sollten Sie bald nachgehen. Schäden, auch Hundekot im Sandkasten und andere Verschmutzungen, melden Sie dem Träger des Spielplatzes. Bis der Schaden behoben ist, besuchen Sie lieber einen anderen Spielplatz!

Kapitel 11

Erstes Spielen in der Gruppe

Wenn Kinder anfangen zu laufen und zu sprechen, sollten sie auch mehr Umgang mit anderen Kindern haben können. Warum? Die meisten Babys werden schon, wenn sie sechs bis acht Monate alt sind, von anderen etwa gleichaltrigen Kindern wie magisch angezogen. Sie lachen, strecken die Arme aus... Sobald sie laufen können, wackeln sie hin zu ihrem Tippelbruder, wollen ihn drücken...

Unmißverständliche Zeichen für den Wunsch, anderen Kindern nahe zu sein. Eine kleine Spielgruppe könnte diesen Wunsch erfüllen.

Die Kleinen üben sich dort auch in der Fähigkeit, Kontakte zu mehreren verschiedenen Kindern zu unterhalten, obwohl schon bald deutlich zu spüren ist, daß sie den einen oder die andere besonders gern haben. Die Kinder lernen zu teilen, auf die Erfüllung eines Wunsches auch einmal warten zu müssen (wenn etwa bereits einer auf dem geliebten Schaukelpferd sitzt!). Sie erfahren, daß andere gegen das eigene Verhalten lauthals oder gar schlagfertig protestieren, sich an bestimmte Regeln zu halten, sie lernen, sich zu einigen und sich durchzusetzen.

In der Gruppe lernen die Kleinen das Teilen und Verzichten

Freilich, das alles geht nicht ohne Tränen ab, Wut und Trauer, Zornesausbrüche und Hilflosigkeit werden durchlebt. Dennoch: Die schönen gemeinsamen Erlebnisse scheinen das mehr als aufzuwiegen. Denn ein Ein- bis Zweijähriges, das sich an die wöchentlichen Krabbeltreffs gewöhnt hat, möchte dann auch keins verpassen. Wer das fröhliche Wiedersehen jedesmal, das Juchzen und

169

Jauchzen zwischendurch beobachtet, gelegentlich miterlebt, wie eins dem anderen auch einmal hilft, wie eins das andere sogar einmal tröstet, der weiß: Nichts ist auch für einen so kleinen Menschen wichtiger als der andere Mensch, demgegenüber er seine Gefühle offen ausdrücken kann. Für manche Kinder ist eine solche Gruppe nicht zu empfehlen. Ihnen ist es dort noch zu laut und zu unüberschaubar; vielleicht können (oder wollen) sie sich auch noch nicht auf ein geplantes Spiel einlassen.

Wie eine Gruppe funktionieren kann

Mutter-Kind-Gruppen oder Spielgruppen für Kinder im Krabbelalter bis zu drei oder vier Jahren werden von den meisten Einrichtungen der Familienbildung oder Erwachsenenbildung angeboten.

Wenn Sie selbst eine Gruppe gründen wollen, sprechen Sie doch mit Ihrem Kinderarzt darüber; er kennt vielleicht Eltern mit etwa gleichaltrigen Kindern und gibt Ihnen sicher gern die Anschrift oder Telefonnummer weiter. Vielleicht haben Sie an einem Geburtsvorbereitungskurs teilgenommen und einige Eltern kennengelernt, die in Ihrer Nähe wohnen. Oder Sie sprechen die Nachbarin an oder zwei Mütter, die Sie schon häufiger auf dem Spielplatz gesehen haben. Sie können auch Ihren Wunsch mit Anschrift oder Telefonnummer am Informationsbrett des Supermarktes anbringen oder in einem lokalen Wochenblatt inserieren.

Wenn eine große Wohnung für die Gruppe fehlt, helfen vielleicht Kindergarten, Schule oder Kirchengemeinde

Auf einem dieser Wege finden Sie sicher eine Gruppe oder aber ein paar interessierte Eltern, die zusammen mit Ihnen eine Spielgruppe gründen wollen.

Wichtig ist:
● Mehr als sechs Kinder sollten nicht in der Gruppe sein.
● Das Verhältnis Jungen : Mädchen könnte 3 : 3 sein, notfalls 2 : 4 oder 4 : 2, 3 : 2 oder 2 : 3.
● Mindestens drei der Familien sollten über eine

ausreichend große Wohnung verfügen, in der die ganze Gruppe spielen kann.

● Sie treffen sich einmal pro Woche abwechselnd in den betreffenden Wohnungen, auf dem Spielplatz, im Garten oder sonstwo draußen, wenn es das Wetter erlaubt.

Sind wirklich alle Wohnungen zu klein, so müßten Sie versuchen, anderswo einen Raum zu bekommen für Ihre wöchentlichen Treffs. Fragen Sie in Ihrer Kirchengemeinde, im Kindergarten oder in der Schule. Vielleicht müssen Sie dort mit einem kleinen Beitrag für Heizung, Reinigung und Beleuchtung rechnen, in einem Kindergarten auch für eine Gruppen-Versicherung.

Wie sich die Eltern verhalten

Die Eltern reagieren ganz unterschiedlich, wenn sie sehen, daß ihr Nachwuchs Probleme, etwa Streit, mit anderen Kindern hat:

● aggressiv – sie schützen ihr Kind immer sofort, indem sie gegen den «Gegner» eingreifen, ihn etwa wegreißen, indem sie sich also stellvertretend wehren;

● beschützend – sie schützen ihr Kind, indem sie ihren Sprößling sofort aus der Gefahrenzone nehmen und ihn tröstend (über die Schlechtigkeit der Welt) in ihre Arme nehmen;

● abwartend. Sie schauen erst mal zu, ob die Kleinen allein klarkommen. Erst wenn deutlich wird, daß das nicht gelingt oder wenn Gefahr droht, greifen sie ein.

Für eine Spielgruppe kann natürlich nur die dritte Art, sich zu verhalten, förderlich sein. Das ist anfangs gar nicht so leicht, weil noch sehr ungewohnt. Aber wenn sich die Eltern dabei gegenseitig unterstützen, schafft das auch eine sensible Mutter und ein ängstlicher Vater.

Die Eltern können zusätzlich vereinbaren: Muß eingegriffen werden, greift immer erst einmal ein Erwachsener ein, der nicht Vater oder Mutter der

Versuchen Sie das mal bei Kummer oder bei Streit: Erst greift ein «neutrales» Elternteil ein und versucht Ihr Kind zu trösten

betroffenen Kinder ist, der also als neutraler Friedensstifter auftritt. Erst wenn die Kummertränen so nicht zu trocknen sind, gibt die eigene Mutter, der eigene Vater Trost. Dabei versuchen die Eltern aber immer auch, die «Gegenseite» mit zu berücksichtigen, etwa: «Der Karsten hat dich gehauen. Das war nicht nett, denn das hat dir weh getan.

Die Kleinen lernen: Streit kann beiden Seiten Nachteile bringen

Aber du hattest ihm vorher sein Auto weggerissen, mit dem er gerade gespielt hat. Und darum ist er so wütend geworden.»

Wie Kinder lernen, in der Gruppe zu spielen

Zunächst spielen Einjährige immer mehr nebeneinanderher als miteinander. Es gibt aber Spiele, bei denen sich daraus allmählich ein Spiel in der Gruppe entwickeln kann.

193 Gruppenbild. Zuerst kriegt jeder Papier und Stifte und darf auf eigenes Papier malen, was und wie lange er will.

Haben sich die Kinder daran gewöhnt, versuchen Sie mal, ob zwei oder drei Kinder beim Malen mit einer Partie Farbtöpfe oder einem Etui Stifte auskommen. Da ist eigentlich schon Rücksichtnahme nötig, etwa: Melanie malt gerade mit Rot.

Kathrina, Susann und Maja bei einem Gruppenbild. Noch malt jeder für sich, aber das wird sich bald ändern

Markus will «natürlich» auch gerade das Rot. Er müßte nun eigentlich warten, bis Rot frei ist oder eben mit Blau anfangen. Anfangs kommt es statt dessen sicher zu Streit und Rauferei. Manchmal wird so lange herumgezerrt, bis die Töpfe umgefallen oder die Stifte zerbrochen sind. Nun hat leider keiner mehr das schöne Rot. Allmählich lernen sie, auch mal eine kurze Weile zurückzustecken. Ein großer Schritt nach vorn!

Ist das schon einigermaßen selbstverständlich geworden, so versuchen Sie doch mal ein Gemeinschaftsbild. Auf einem Riesenbogen Packpapier oder Tapete malen alle – jeder an einer anderen Stelle beginnend. Nachher wird es als Gemeinschaftswerk betrachtet. Haben die Kleinen so etwas schon häufiger probiert, kommt das eine oder andere vielleicht auf die großartige Idee, sich schon beim Malen ein bißchen abzustimmen.

194 Baukolonne. Bauen Kinder in einer Gruppe zusammen, so sieht das anfangs bestimmt so aus: Einer baut einen Turm, der andere stürzt ihn um. Vielleicht gibt das sogar Tränen.

Möglich wäre, daß sich auch die Mütter und Väter auf die Erde setzen und ganz für sich zu bauen beginnen. Sie tun das, was die Kleinen eben taten: Eine baut einen Turm, die andere wirft ihn um. Alle lachen herzlich. Spätestens jetzt werden die Kleinen aufmerksam. Sie kommen heran: Schließlich sieht man die Eltern nicht alle Tage auf der Erde bauen! Da passiert dasselbe: Eine(r) baut, ein(e) andere(r) zerstört. Wieder lachen alle. Sie können sicher sein: Beim dritten Versuch wagt sich bestimmt eins der Kleinen heran, um vor dem erwachsenen «Zerstörer» am Werk zu sein. Auch jetzt lachen alle. So kann das weitergehen, bis alle Erwachsenen aufbauen und alle Kinder zerstören. Ehe das langweilig wird, beginnt irgendein ganz anderes Spiel. Die Kleinen haben erfahren: Die «richtige» Reaktion auf die Zerstörung war das Lachen.

Ein anderesmal aber beginnt das Spiel so ähnlich. Dann erklärt ein Erwachsener, er wolle, daß

Zerstören kann ein Spiel sein, aber es kann das Spiel auch kaputtmachen

diesmal nichts zerstört werde, er wolle mal versuchen, einen gaaaaanz hohen Turm zu bauen. Und er beginnt. Mutmaßlich haben die Kleinen das noch nicht begriffen. Einer findet sich bestimmt, der doch kaputtmacht. Nun ist der Turmbauer aber sehr traurig. Trotzdem beginnt er noch mal, seine Erklärung wiederholend. Wenn nun zerstört wird, lacht niemand mehr. Alle sind traurig. Die anderen Erwachsenen versuchen auch, den Zerstörer fernzuhalten.

Es soll klarwerden: Diesmal soll nicht zerstört werden. Das soll kein Polterabend, das soll ein anderes Spiel sein: das Turmbauen.

Erst wenn die Kleinen begriffen haben, daß man sich beim gemeinsamen Bauen auf bestimmte Regeln einigen muß, sind sie auch wirklich dazu in der Lage.

Der Zupfkasten

Nach und nach lernen sie, miteinander zu bauen und zu spielen. Vielleicht bringt einer die Steine mit einem Kipplaster zur Baustelle, der andere baut auf. Oder sie bauen eine Mauer um eine viereckige Fläche und setzen Tiere hinein – ein Zoo oder eine Weide –, je nachdem.

Meist entwickeln sich solche ersten Rollenspiele aber erst um den dritten Geburtstag herum.

195 Orchester. Musik machen heißt zunächst einmal Krach machen. Große Waschmittel-Behälter – leer, versteht sich –, Windeleimer und ähnliche Papp- oder Plastik-Gefäße werden umgestülpt als Tonne benutzt. Zwei Holz- oder Kunststoff-Kochlöffel sind die Schläger.

Über eine Zigarrenkiste werden unterschiedlich dicke und lange Gummiringe gespannt. Wer daran zupft, bekommt unterschiedliche Töne.

In leere Joghurtbecher wird klapperndes Material eingefüllt (Knöpfe, Büroklammern, Reis...). Dann werden sie mit einem Stück Folie und einem Gummiring verschlossen. So sind Rasseln entstanden.

Schön ist natürlich, wenn es daneben noch ein paar klangvollere Instrumente gibt, vielleicht ein

Kathrina hat sich das Glockenspiel geholt und beginnt, auf ihm zu spielen...

...Maja hört das, kommt und möchte das auch tun. Kathrina entscheidet: «Gut, dann spiele ich Flöte dazu!»

Glockenspiel, eine einfache Mundharmonika, eine Flöte oder eine Kindertrompete.

Wenn die Kleinen sich einigen können, wer welches Instrument spielen darf, ist ein hinreißendes Orchester versammelt. Allerdings ist es am besten, wenn Sie Ihrem Nachbarn derlei Musikgenuß vorenthalten. Vielleicht tritt das Orchester gleich im Garten auf oder auf dem Spielplatz. Da kommt sicher ein begeistertes Publikum zusammen!

196 Bücher anschauen. Wenn sich die Kleinen mal ausruhen wollen von den aufregenden gemeinsamen Sachen, so dürfen sie sich aus einem Stapel Bilderbücher eins raussuchen und einen Erwachsenen bitten, ihm daraus vorzulesen. Oft wächst dann ein richtiger kleiner Leserkreis.

197 Freispiel. Sehr oft aber brauchen die Kleinen gar keine Anregungen. Einer spielt irgendwas, ein anderer will das auch spielen. Sie finden allein eine Möglichkeit, zusammen das Spiel zu machen oder nacheinander. Derlei wird manchmal durch besondere Angebote besonders angeregt.

198 Spielhaus. Das Spielhaus fordert sehr oft zu solch einem Spiel heraus. Einer kriecht hinein. Ein anderer kommt nach. Sie schauen aus dem Fenster, machen die anderen auf sich aufmerksam. «Hallo, Herr Nachbar!» Und schon ist ein kleines Spiel im Gang.

Sie können gemeinsam mit den anderen Eltern leicht so ein Haus bauen: Sammeln Sie Kartonbehälter, leere Waschmittelkästen, Windeltonnen... Kleistern Sie diese mit Tapetenkleister zu einem großen Haus zusammen, genauer: zunächst einmal zu einer Mauer, die eine viereckige Fläche umgibt. Über dieses Viereck wird dann eine Decke ausgebreitet. In einer Wand ist eine Türöffnung ausgespart, in zwei Wänden sind je ein Fenster, also zwei Fenster ausgespart. Das ist schon eine herrliche Villa! Sie haben bestimmt Spaß beim Sammeln und Bauen. Und Ihre Kinder erleben

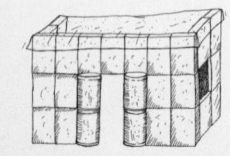

So könnte Ihr Spielhaus aus Waschmittelpaketen und -tonnen zum Beispiel aussehen

den Bau mit und werden um so lieber in diesem Haus spielen.

Man kann Spielhäuser auch kaufen. Vorsicht bei Häusern aus Pappe. Die sind selten stabil. Meist reißen die Mauern schon beim ersten Begeisterungssturm! Stabiler sind zeltähnliche Gebäude. Die haben zudem den Vorteil, daß sie auch mal einen Regen vertragen, wenn sie im Garten vergessen wurden.

Was Eltern von einer Spielgruppe haben

Spielgruppen sind nicht nur herrlich für die Kinder. Sie haben auch den Eltern eine Menge zu bieten:

● Sie entlasten sich durch gemeinsame Verantwortung.

● Sie lernen ihre Kinder besser kennen, wenn sie sie im Umgang mit Gleichaltrigen erleben.

● Sie entlasten sich, weil sie über ihre Erziehungs- wie meist auch über ihre Partnerprobleme sprechen können.

● Sie regen sich gegenseitig vielseitig an, nicht nur in der Erziehung, beim Stricken, Kochen usw., auch bei politischen Debatten, bei Gesprächen über ihre Freizeit und über berufliche Fragen.

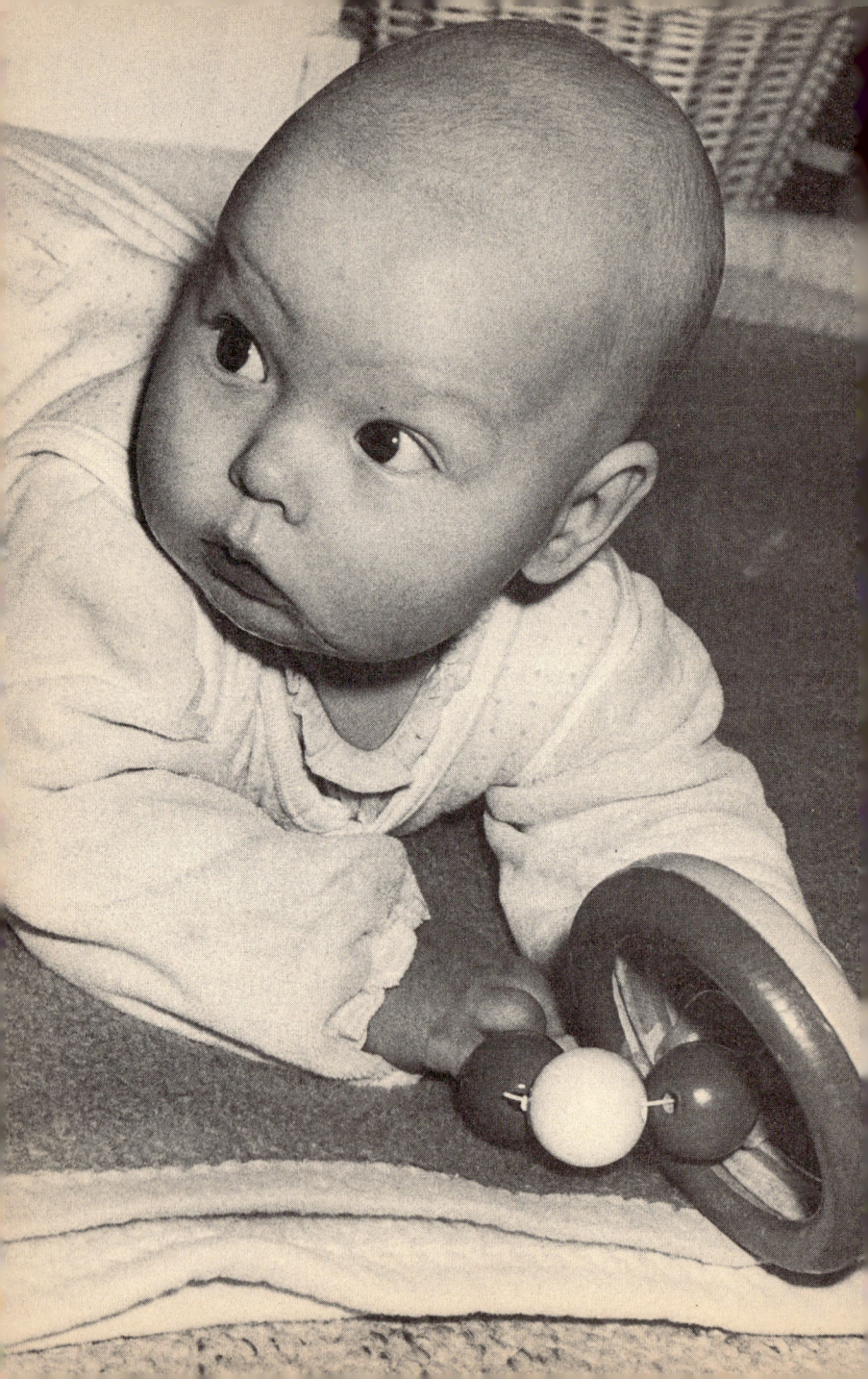

Kapitel 12

Damit dem Kind das Hören und Sehen nicht vergeht!

Körperliche Behinderungen sind meist sichtbar. Behinderungen der Wahrnehmung zu entdecken, das bedarf der Sensibilität der Eltern.

Meist werden Hörschäden und Sehstörungen viel zu spät entdeckt. Während eine frühe Diagnose oft noch Heilungschancen eröffnet, ist es im Schulalter für eine Besserung des Leidens oft schon zu spät. Und: Die geistige Entwicklung des Kindes – das war ja die Motivation für dieses Buch – wird vor allem durch die Wahrnehmung, zuallererst durch das Hören und das Sehen, angeregt und vorangetrieben. Werden Hörschäden und Sehstörungen also nicht schon im Kleinkindalter entdeckt und behandelt, so verschlechtert sich nicht nur diese Behinderung; das Kind bleibt auch in seiner geistigen Entwicklung erheblich zurück. Und schließlich kommt auch der Kontakt zum anderen Menschen vor allem durch das Hören – die Sprache – und das Sehen – Körpersprache, Mimik, Gestik – zustande. Ein wahrnehmungsbehinderter Mensch ist darum fast immer ein isolierter, ein einsamer Mensch.

Darum also gehört es zu den allerwichtigsten Aufgaben der Eltern, ihr Kind so gut zu beobachten, daß sie

● entweder sicher sind, daß ihr Kind normal hören und sehen kann,

● oder über ihren Verdacht einer Wahrnehmungsschwäche mit dem Kinderarzt und mit dem Hals-Nasen-Ohren-Arzt sprechen.

Bei einer frühen Diagnose gibt es für Hörschäden und Sehschwächen oft noch Heilungschancen

179

Wenn Sie den Verdacht haben, daß Ihr Kind nicht gut hört

Jedes Kind schreit vom ersten Augenblick an. Das tun auch sogar stark schwerhörige Kinder. Aber die können ihr Schreien nicht oder kaum hören. Sie können es daher nicht – wie andere Kinder – korrigieren, das heißt: auf einem Ton halten. Und weil sie sich nicht schreien hören, fehlt ihnen auch der Reiz zur Wiederholung. Darum: Schwerhörige Kinder schreien seltener und hören meist bald ganz damit auf.

Das wichtigste Zeichen für Schwerhörigkeit: keine Reaktion auf ganz normale Geräusche

Das wichtigste Zeichen für Schwerhörigkeit:

Das Kind reagiert nicht auf ganz normale Geräusche, etwa auf Musik und Singen, auf das Türenschlagen oder auf den Lärm aus dem Nachbarzimmer, vielleicht nicht einmal auf die Worte der Eltern, selbst dann nicht, wenn sie es beim Namen nennen.

Zur Sicherheit sollten Sie noch den sogenannten Seidenpapiertest machen (ab 4. Lebensmonat): Sie stehen hinter dem Kopf Ihres Kindes. Es sieht Sie also nicht. Etwa zwanzig bis dreißig Zentimeter vom Ohr entfernt rascheln Sie mit Seidenpapier. Das Kind sollte seinen Kopf zur Geräuschquelle hin bewegen. Bei diesem Test darf das Kleine aber nicht durch Dinge oder Personen, die es sieht, abgelenkt sein. Und es muß wirklich sonst ganz still sein im Zimmer. Das Ausbleiben der Reaktion ist zwar kein absolut sicheres Zeichen für eine Schwerhörigkeit, weckt aber den dringenden Verdacht und sollte für Sie der letzte Anstoß sein, einen Hals-Nasen-Ohren-Arzt aufzusuchen.

In den vergangenen Jahrzehnten sind die Möglichkeiten der Diagnostik wesentlich verfeinert worden. Das hat zwei wichtige Folgen: 1. Man weiß heute, daß es viel weniger wirklich taube Menschen gibt, als man früher annahm. Die allermeisten haben noch genügend eigene Hörreste, die man verstärken kann, so daß dem Menschen das Hören (wieder) möglich wird. 2. Heute ist es durch die sogenannte Neugeborenen-

Audiometrie möglich, schon bei Säuglingen Hörschäden eindeutig zu diagnostizieren. Vom sechsten Lebensmonat an können Kindern sogar schon Hörgeräte angepaßt werden. Für das ganze Leben eines schwerhörigen Menschen ist es wichtig, daß er ein Hörgerät so früh wie möglich bekommt, damit sich danach die geistige Entwicklung normal vollziehen kann. Denn ohne das Hören lernen Kinder ihre Sprache kaum, jedenfalls nicht ohne Spezialförderung. Und ohne Sprache bleibt die Denkfähigkeit entscheidend zurück.

Wer wenig hört, der muß mehr sehen

In jedem Fall hat es Ihr schwerhöriges Kind schwerer, seine Sprache zu lernen. Aber Sie können ihm von Anfang an helfen:
- Nehmen Sie, wenn Sie sprechen, auch Gesten und Mienenspiel zu Hilfe, deuten Sie also zum Beispiel stets eindeutig auf eine Person oder eine Sache, die Sie dem Kleinen benennen. Und lächeln Sie, oder machen Sie ein finsteres Gesicht, wenn Sie ein Gefühl ausdrücken wollen.
- Schauen Sie Ihr Kind stets an, wenn Sie mit ihm sprechen, und achten Sie immer darauf, daß Ihr Gesicht im Licht ist.
- Sprechen Sie langsam, mit einfachen Worten und kurzen Sätzen.
- Übertreiben Sie die Betonung, auch in dem Sinne, daß das Kind Ihre Lippenbewegungen gut verfolgen und auch nachahmen kann.
- Sorgen Sie dafür, daß Ihr Kind sobald wie möglich auch durch Fachleute gefördert wird.

Wo Sie Hilfe finden

Wenden Sie sich an die Bundesgemeinschaft der Eltern und Freunde schwerhöriger Kinder e. V.: Pirolkamp 18, 2000 Hamburg 65.

Sie gibt einen allgemeinen und einen technischen «Ratgeber für Eltern hörgeschädigter Kinder» heraus, die Sie kostenlos anfordern können. Außerdem bekommen Sie dort auch eine Liste mit den Anschriften aller regionalen Elternvereine, wo Sie dann Hilfe «vor Ort» finden, vor allem in den Erfahrungsaustausch mit anderen betroffenen Eltern treten können. Dort können Sie dann sicher auch erfahren, ob es in Ihrer Nähe eine Pädaudiologische Beratungsstelle gibt (meist an Schwerhörigenschulen angeschlossen). Dort kann Ihr Kind durch Fachleute gefördert werden.

Gibt es eine solche Einrichtung in Ihrer Gegend nicht, könnte vielleicht auch ein Sprachheilpädagoge oder ein Logopäde helfen.

Wenn Sie den Verdacht haben, daß Ihr Kind nicht gut sieht

Beim Sehen gilt dasselbe wie beim Hören: Je früher die Sehschwäche erkannt ist, um so größer ist die Chance, daß die Störung noch zu beheben oder doch erheblich zu bessern ist.

Und ebenso gilt: Je früher dem Kind geholfen wird, um so weniger besteht die Gefahr, daß sich die geistige Entwicklung verzögert.

Wenn Sie versuchen, die Spiele mit dem Kind zu machen, die wir Ihnen in dem Kapitel «Babys schönste Augenweiden» beschreiben, bemerken Sie sicher, wenn Ihr Sohn oder Ihre Tochter gar nicht oder wenig begeistert reagiert. Das sollte für Sie schon ein erstes Signal sein: Auf die Kinderaugen achten!

Im vierten Lebensmonat sollten Sie dann mit dem Baby den sogenannten Blickkontakttest machen:

Das Kleine liegt auf dem Rücken auf dem Wickeltisch. Sie halten ihm – etwa 20 cm vom Gesicht entfernt – einen roten oder rot-weißen Gegenstand hin. Bewegen Sie diesen ganz langsam von rechts nach links – Pause – von oben nach unten –

Pause – im Kreis. Folgen die Kinderaugen? Falls nicht, muß das noch nichts heißen. Wiederholen Sie diesen Versuch immer wieder einmal. Reagiert das Kind nie, liegt der Verdacht eincr Sehschwäche nahe.

Im sechsten Monat können Sie zusätzlich den sogenannten Rechts-Links-Test machen: Decken Sie das linke Auge für einige Sekunden ab. Geben Sie beide Augen frei. Pause. Decken Sie das rechte Auge ab. Geben Sie beide Augen frei.

Wehrt sich das Kleine bei der einen Seite mehr als bei der anderen, so ist zu vermuten, daß ein Auge schwächer ist als das andere. Auch diesen Test sollten Sie erst einige Male wiederholen, ehe Sie voreilige Schlüsse ziehen.

Ein Verdacht sollte auch aufkommen, wenn das Baby
● deutlich lichtscheu ist
● oft blinzelt
● seine Augen chronisch gerötet sind.

Bei größeren Kindern sollte außerdem Verdacht erregen, wenn sie
● die Augen zusammenkneifen, um in der Ferne etwas zu sehen
● Gegenstände sehr nahe an die Augen bringen, um sie zu betrachten
● oft danebengreifen, wenn sie etwas anfassen wollen.

Schielen entdecken Eltern meist ganz von selbst – an der typischen Schiefstellung der Augen. Doch ein ganz leichtes Schielen fällt oft kaum auf. Wenn Sie verunsichert sind, machen Sie diesen Test:

Setzen Sie das Kind vor eine brennende Kerze. Es soll genau in die Flamme schauen. Die Spiegelbilder in beiden Pupillen müssen gleich sein. Ist ein Spiegelbild verschoben, deutet das auf einen Sehfehler hin. Auch bei dem Verdacht einer Sehschwäche suchen Sie besser den Fach-, also den Augenarzt auf!

Die Entwicklung der letzten Jahre hat es möglich gemacht, selbst Säuglingen schon Kontaktlinsen anzupassen.

Hören und Sehen

Mit zwei einfachen Tests können Sie eine mögliche Sehschwäche frühzeitig erkennen

183

Meist sind Kontaktlinsen für Babys aus Silikonen. Die lassen den Sauerstoff ungehindert passieren, so daß Unregelmäßigkeiten der Hornhautoberfläche besser korrigiert werden können. Sie nehmen auch weniger Flüssigkeit auf, können also auch keine Konservierungsmittel der Pflegesubstanzen speichern. Sie haben den Vorteil, daß sie höchstens einmal im Monat vom Auge genommen werden müssen, um sie zu reinigen.

Mit Kontaktlinsen läßt sich die Verlangsamung der geistigen Entwicklung weitgehend vermeiden. Außerdem besteht die Chance, auch die Sehfähigkeit selbst zu stärken. Natürlich gibt es auch andere Therapien. So sind bestimmte Augenoperationen heute in jüngerem Alter möglich als früher.

Kurzum: Je früher Sie die Diagnose erstellen lassen, um so größer sind die Chancen, die Sie Ihrem Kind geben.

Wer schlecht sieht, muß mehr hören

Sie können Ihrem Kind aber auch im täglichen Umgang helfen, daß seine geistige Entwicklung nicht durch die Sehschwäche blockiert wird. Wichtig ist ja vor allem, daß die Reize, die durch die Wahrnehmung das Gehirn erreichen, nicht ausbleiben. Und wenn Ihr Kind wenig sieht, müssen seine anderen Sinnesorgane eben mehr leisten.

● Tragen Sie und alle anderen Familienmitglieder auch in der Wohnung möglichst oft feste Schuhe, damit Sie mit festem, charakteristischem Schritt umhergehen. So kann das Kleine Sie durch die unterschiedlichen Schritte unterscheiden.

● Sprechen Sie besonders viel mit dem Kind. Bringen Sie dabei auch möglichst viele Lautmalereien, bellen Sie, wenn Sie vom Hund erzählen, maunzen Sie, wenn von der Katze die Rede ist... Für Ihr Kind ist seine Umwelt nicht so sehr eine Welt der Farben und Formen wie für andere Kinder, sondern mehr eine Welt der Töne und Geräusche. Gehen Sie darauf also betont ein.

● Geben Sie ihm vorrangig Spielzeuge, die ein Ohrenschmaus sind, Spieluhr, Rasseln und Klappern, Glöckchen, Klangstäbe, später Glockenspiele, Trommeln und Trompeten... und Spielzeuge, bei denen es etwas zu ertasten gibt. Es erfährt manche Gegensätze eben anders als andere, mehr durch das Tastempfinden als durch die Augen: groß und klein, lang und kurz, rauh und glatt...

● Machen Sie mit ihm auch viele Spiele, bei denen das Körpergefühl so wichtig ist: Wiegen und Wippen, Schwingen und Schaukeln, Kniereiter und Fingerspiele; Schmusen und andere Zärtlichkeiten sind bei sehschwachen Kindern noch wichtiger als sonst schon.

Wo Sie Hilfe finden

Die folgenden Vereinigungen helfen sehschwachen oder blinden Kindern:

2000 Hamburg, Vereinigung der Freunde blinder und sehbehinderter Kinder e. V., Südring 24; Tel.: 040/2797180

2380 Schleswig, Verein zur Förderung sehgeschädigter Kinder und Jugendlicher e. V., Lutherstraße 14, Postfach 1407; Tel.: 04621/22723

3000 Hannover, Verein zur Förderung der Blindenbildung e. V., Bleckstraße 3

4000 Düsseldorf 30, Bund zur Förderung Sehbehinderter e. V., Gottfried-Keller-Straße 53; Tel.: 0211/432929

5300 Bonn 2, Deutscher Blindenverband e. V., Bismarckallee 30; Tel.: 0228/353019

6367 Karben, Deutsche Retinis Pigmentosa-Vereinigung e. V., Selbsthilfevereinigung zur Verhütung von Blindheit, Wernher-von-Braun-Straße 39; Tel.: 06039/3475

Wer nicht sehen kann, muß um so besser tasten können. Beim Üben helfen die Tastbausteine, von Lorenz oder Habermaaß

Der ständige Kampf gegen Schadstoffe im Spielzeug

Es ist gut, daß immer wieder über das Thema Schadstoffe im Spielzeug diskutiert, gestritten wird. Wenn die Debatte manchmal auch schon ermüdet, man sollte sich die ausgezeichneten Erfolge vor Augen halten:

Begrenzte Entwarnung bei Kunststoffen

Es ist noch nicht lange her, daß man dringend vor roten, gelben und orangefarbenen Kunststoff-Spielzeugen warnen mußte. In den Farbpigmenten war Cadmium entdeckt worden, das im Körper gespeichert wird und das vor allem den Nieren schadet. Selbst hochgeschätzte Markenartikel wie Lego oder Playmobil waren von diesen Untersuchungen betroffen. Zwar lag der Gehalt bei ihnen weit unter der erlaubten Grenze, aber immerhin. Inzwischen ist ein Kunststoff entwickelt worden, der genauso farbkräftig, also leuchtend und reizvoll für Kinder ist wie der belastete, der aber eben keine Spur von Cadmium mehr enthält. Sein Nachteil: Er ist erheblich teurer. Damit stiegen viele Preise der Kunststoff-Spielzeuge.

Der neue, cadmiumfreie Kunststoff hat genauso leuchtende Farben wie der schädliche. Er ist allerdings viel teurer

Und da zeigt sich nun leider die Widersprüchlichkeit, selbst bei alternativen Eltern. Heute ist schon wieder oft zu beobachten: Wo ein Austausch möglich ist (bei Rasseln etwa, bei Sandspielzeug...), kaufen auch sie des Preises wegen billige Importprodukte, die zwar mit ihren Schadstoffen auch unter den erlaubten Grenzen bleiben müssen, die aber eben meist nicht freiwillig auf jede Spur von Cadmium verzichten. Bleiben Sie nun – nach den schönen Erfolgen der doch ernst gemeinten elterlichen Forderungen – auch konsequent! Meiden Sie die billige Importware, die diese ja nicht erfüllen kann bei dem Preis.

Konflikte bei der Holzbearbeitung

Eine zweite große Debatte hat es um die Schadstoffe in Farben und Lacken gegeben, mit denen das Holzspielzeug behandelt wurde und zum Teil noch wird. Das Ergebnis: Die Markenprodukte werden heute fast durchweg mit schadstoffarmen Lacken bearbeitet.

Es gibt außerdem Hersteller, die Holzspielzeuge anbieten, die mit Naturfarben und mit Pflanzenölen und Bienenwachs behandelt werden.

Das wachsende Verantwortungsbewußtsein der Eltern hat also gute Wirkung gezeigt.

Zu bedenken ist: Auch Holzspielzeuge, die mit Naturfarben getönt, mit Pflanzenöl und Bienenwachs bearbeitet wurden, haben leider eine Kehrseite der Natur-Medaille. Organische Substanzen sind nun einmal in vielen Fällen bester Nährboden für Bakterien. Das hängt damit zusammen, daß organische Substanzen zersetzbar sind. Das bedeutet: Jedes so behandelte Spielzeug müßte, sollte es nun wirklich unschädlich sein, zumindest nach jedem Gebrauch während einer Infektionskrankheit – auch schon der Schnupfen gehört dazu! – gründlich gereinigt, keimfrei gemacht, also ausgekocht werden.

Holzspielzeuge, natürlich behandelt, können leider ein Nährboden für alle möglichen Bakterien sein

Das Farb- und Lackproblem besteht auch, wenn Sie selbst Spielzeug herstellen möchten. Wir haben Ihnen ja eine Menge Anregungen dazu gegeben in diesem Buch. Wir haben uns dabei für die schadstoffarmen Lacke entschieden.

Beim Selbermachen sollten Sie auf jeden Fall schadstoffarme Lacke mit dem blauen Umweltengel benutzen

Schadstoffarme Lacke tragen den Umweltengel. Damit wissen Sie: Sie enthalten:

● maximal 15 % Lösungsmittel
● keine krebserzeugenden Inhaltsstoffe
● keine bioziden Stoffe
● maximal 10 mg/kg Lack Formaldehyd
● keine Pigmente auf der Basis von Blei, Chrom und Cadmium.

Wenn Sie nun mit solchen Lacken umgehen, sollten Sie dennoch ein paar Regeln beachten:

● Kaufen Sie kleine Mengen Lack, möglichst dann, wenn Sie mehrere Spielzeuge anmalen bzw. lackieren wollen. Reste sollten Sie nämlich nicht aufbewahren. Die Reste gehören aber weder in die Mülltonne noch ins Abwasser! Sie sind Sondermüll. Termine für die Entsorgung erfragen Sie beim Verbraucherverband.

● Während Sie lackieren, gut lüften! Kinder fernhalten.

● Vermeiden Sie Hautkontakt. Am besten tragen Sie Handschuhe!

● Wenn Sie arbeiten, nicht essen oder trinken.

● Rauchen ist bei der Arbeit tabu. Lösungsmitteldämpfe können sich mit Luft mischen und explosiv werden!

● Verwenden Sie Pinsel, spritzen Sie also die Spielzeuge nicht.

● Reinigen Sie Pinsel und andere Geräte nicht unter dem Wasserhahn, sondern in einem Gefäß, das Sie danach fest verschlossen für den Sondermüll-Termin aufheben (altes Marmeladenglas).

Das hört sich alles recht umständlich an. Wenn man sich aber daran gewöhnt, geht auch diese Methode, sich und die Kinder wie die Umwelt zu schützen, in Fleisch und Blut über.

Alle Spiele von A bis Z

189